AF276715

ACCESO GRATIS *a la Lectura en la Nube*

Para visualizar el libro electrónico en la nube de lectura envíe junto a su nombre y apellidos una fotografía del código de barras situado en la contraportada del libro y otra del ticket de compra a la dirección:

ebooktirant@tirant.com

En un máximo de 72 horas laborables le enviaremos el código de acceso con sus instrucciones.

Los efectos económicos del matrimonio en el Derecho inglés

Property consequences of marriage in English Law

Los efectos económicos del matrimonio en el Derecho inglés

Property consequences of marriage in English Law

Alfonso Ybarra Bores

tirant lo blanch
Valencia 2024

Director de la colección:
ANDRÉS RODRÍGUEZ BENOT

Secretario de la colección:
CÉSAR HORNERO MÉNDEZ

Esta obra ha contado con financiación procedente del Proyecto de I+D+i "Retos de la regulación jurídico-patrimonial del matrimonio y de otras realidades (uniones de hecho) en los planos supraestatal y estatal (REJURPAT)" PID2019-106496RB-I00 (Convocatoria 2019 de Proyectos de I+D+i en el marco de los Programas Estatales de Generación de Conocimiento y Fortalecimiento Científico y Tecnológico del Sistema de I+D+i y de I+D+i Orientada a los Retos de la Sociedad, del Plan Estatal de Investigación Científica y Técnica y de Innovación 2017-2020). También ha contado con financiación del Grupo PAIDI "Plurilingüismo, multiculturalidad y Derecho" (SEJ 486)

©   Alfonso Ybarra Bores

©   TIRANT LO BLANCH
    EDITA: TIRANT LO BLANCH
    C/ Artes Gráficas, 14 - 46010 - Valencia
    TELFS.: 96/361 00 48 - 50
    FAX: 96/369 41 51
    Email: tlb@tirant.com
    www.tirant.com
    Librería virtual: www.tirant.es
    DEPÓSITO LEGAL: V-1113-2024
    ISBN: 978-84-1056-506-7
    MAQUETA: Innovatext

A Pilar, mi madre,
a quien tanto debo

Índice

I. EL DERECHO INGLÉS EN EL MARCO DE LOS GRANDES SISTEMAS ECONÓMICO-MATRIMONIALES

1. Ubicando el Derecho inglés

Para centrar el tema que va a ser objeto de estudio del presente trabajo, ha de tenerse en cuenta que el Derecho inglés constituye una realidad que se refiere exclusivamente al sistema legal que se encuentra vigente en los territorios de Inglaterra y Gales. Por lo tanto, frente a lo que a veces se pueda pensar, no abarca a todo el ordenamiento jurídico que rige en las Islas Británicas, espacio que básicamente incluye al Reino Unido de la Gran Bretaña —Inglaterra, Escocia y Gales— e Irlanda del Norte, a las Islas del Canal —Jersey, Guernsey, Alderney y Sark— y a la Isla de Man[1].

Por lo tanto, al margen del Derecho inglés confluyen en tan amplia demarcación diversos sistemas legales; se trata de un caso típico de sistema plurilegislativo de base territorial en el que nos encontramos el Derecho escocés, el de Irlanda

---

1   Como señalan R. David y D. C. Jauffrest-Spinosi, "técnicamente hablando, el Derecho inglés está limitado en su ámbito territorial de validez a Inglaterra y Gales" (*Los grandes sistemas jurídicos contemporáneos*, 11.ª ed., Universidad Nacional Autónoma de México, Ciudad de México, 2010, p. 209).

del Norte, el de Jersey —muy influenciado por el
civil law— o el de la Isla de Man[2]. Por ello, como
destaca A. Jackson, debe tenerse claro que *"English Law means the law of England and Wales only,
but not of Scotland and Northern Ireland"*[3]. En
atención a lo que acabamos de exponer M. Duro
Moreno opina, con cierta razón, que quizás sería
más acertado utilizar el término 'Derecho anglo-
galés' en lugar de Derecho inglés[4]. Por ello, a la
vista de lo indicado, hemos de denunciar como
una incorrección terminológica el hecho de que
en determinadas resoluciones de autoridades españolas, tanto judiciales como extrajudiciales, se
caiga en no pocas ocasiones en el error de hacer
referencia al término 'Derecho británico' o a la
'Ley británica' en lugar de hacerlo al Derecho inglés que, como hemos visto, sería técnicamente
lo correcto en la mayoría de los casos[5].

---

2   *Vid*. D. Hayton, *European Succession Law*, Jordans,
     Bristol, 1988, pp. 65-66.
3   A. Jackson, "German as a business tool for lawyers",
     The Linguist, 30, 5, 1991, p. 136.
4   *Introducción al Derecho inglés. La traducción jurídica
     inglés-español y su entorno*, Edisofer, Madrid, 2005, pp.
     61-63.
5   Sirvan de ejemplo de cuanto decimos, en dos ámbitos
     distintos, por un lado, la resolución de la entonces Di-
     rección General de los Registros y del Notariado, de 13
     de agosto de 2014, que se refiere al 'Derecho británico'
     (*BOE* núm. 242, de 6 de octubre de 2014, F.D. 1, pfo.
     3.º) y, por otro, la sentencia de la Audiencia Provincial

El Derecho inglés es ciertamente un ordenamiento peculiar, ello es debido fundamentalmente a su vasta y singular formación histórica, gozando de unas características, que posteriormente, con mayor o menor intensidad, se fueron extendiendo a la mayoría de los países actuales de tradición de *common law* —sistema éste formado inicialmente en Inglaterra—, que lo hacen único y marcadamente diferente, en particular en relación a los sistemas, como el español, incluidos en la tradición del *civil law*[6].

Así, como mero botón de muestra, nos encontramos con la existencia de reglas o instituciones propias de dicho Derecho, sin parangón en otros ordenamientos fuera del *common law*, y que afectan a todos los ámbitos de su sistema. Así, la siempre compleja figura del *trust*, las *anti-suit injuctions*, el hecho de la inexistencia de una teoría general de las obligaciones[7], el sin-

---

de Valencia de 15 de febrero de 2018, donde se hace mención a la 'Ley británica' (ECLI:ES:APV:22018:480, F.J. 2.º, *in fine*). En ambos casos se estaba pretendiendo hacer referencia, realmente, al Derecho inglés.

6   Para un profundo estudio sobre la formación histórica y las peculiaridades del Derecho inglés, *vid*. R. David y C. Jauffrest-Spinosi, *Los grandes sistemas jurídicos contemporáneos, op. cit.*, pp. 297-282.

7   Ello no significa que los juristas ingleses no se ocupen de las obligaciones; lo que sucede es que consideran que deben regularse con carácter independiente, por un lado,

gular *forum conveniens* o *non-conveniens*, el *sui generis* concepto de *domicile*, el clásico principio *judge made law* (*stare decisis*) vinculado a la trascendencia de la que goza el *precedent*[8], la bifurcación de la abogacía en dos ramas (*barristers* y *solicitors*) o, hasta hace apenas unos meses, la existencia de un arcaico sistema de *fault divorce*[9].

---

las relaciones jurídicas que surgen de los contratos (que tienen carácter voluntario) y, por otra, las que se originan involuntariamente (ilícitos extracontractuales o cuasi contratos), no siendo útil ni oportuno que todas las relaciones obligatorias se regulen de forma unitaria, dado que, desde la perspectiva resaltada, se trata de realidades diferentes que deben tener sus regulaciones separadas.

8   Sobre la regla del precedente existe una extensa bibliografía, destacando R. David y C. Jauffrest-Spinosi, *Los grandes sistemas jurídicos contemporáneos, cit.*, p. 265-270; N. Del Barrio Fernández, *La jurisprudencia en el common law (desde la perspectiva del jurista continental)*, Aranzadi, Cizur Menor, 2018, y la clásica obra de R. Cross y J.W. Harris, *Precedent in English Law*, 4.ª ed., Clarendon Press, Londres, 1991.

9   Ha de señalarse como un hito la entrada en vigor el 6 de abril de 2022 de la *Divorce, Dissolution and Separation Act 2020* (https://www.legislation.gov.uk/ukpga/2020/11/contents), norma que ha supuesto la incorporación del Derecho inglés, tras más de cincuenta años, a los sistemas de *no-fault divorce*. Según la ley anterior, las parejas que deseaban separarse en el Reino Unido debían basarse en uno o más "hechos" para demostrar que su relación se había roto irremediablemente (sobre el complejo concepto de *"irretrievably broken down"* vid., K. Boele-Woelki et al., *European Family Law in action-Volume I: Grounds for divorce*, Intersentia, Cambridge, 2003, pp. 395-439).

Se trata por lo tanto de un Derecho, con unas connotaciones propias muy especiales, el cual pudiéramos decir que cumple una doble función: por un lado, en su concepción estricta, se trata de un cuerpo de reglas jurídicamente obligatorias en un territorio concreto (el de Inglaterra y Gales) y, por otro, desde la perspectiva de su universalidad, es considerado como un modelo a seguir para una parte considerable de los países a lo largo de todo el mundo, los integrados en el sistema de *common law*.

2. El Derecho inglés frente a los principales regímenes económicos matrimoniales

En este marco tan singular, con las dos facetas referidas, y como no podía ser de otro modo,

---

Estos hechos eran: a) un comportamiento irrazonable; b) el adulterio (que no se encontraba disponible para la disolución de la sociedad civil); c) el abandono durante al menos dos años; d) la separación por al menos dos años con el consentimiento de ambas partes; e) la separación por al menos cinco años incluso si una de las partes no estaba de acuerdo (*vid*. K. Boele-Woelki *et al*., *Principles of European Family Law regarding divorce and maintance between former spouses*, Intersentia, Cambridge, 2004; C. Hamilton, "England and Wales", en C. Hamilton y A. Perry, *Family Law in Europe* —2.ª ed.—, Butterworths, Londres, 2002, p.115 y M. Welstead y S. Edwards, *Family Law* —3.ª ed.—, Oxford University Press, Oxford, 2011, pp. 139-153).

aparece también como algo muy especial dentro
del Derecho inglés el tratamiento que desde este
ordenamiento se le otorga a la institución del régimen económico matrimonial. Como veremos,
y ya adelantamos desde estos momentos, aquél
se caracteriza, fundamentalmente, por el hecho
de su inexistencia oficial en tanto que un efecto
propio del matrimonio, apartándose de la regulación de los países que siguen el sistema de tradición romano-germánica.

En efecto, antes de entrar en el análisis del estudio del posible régimen económico matrimonial en el Derecho inglés o, más en concreto, de
los efectos patrimoniales que en dicho sistema
pueden derivarse de la institución matrimonial,
han de exponerse someramente los principales
sistemas que en derecho comparado se contemplan en relación a la institución del régimen económico del matrimonio. Así, *grosso modo*, podemos señalar como más destacados los cuatro
siguientes: a) el régimen de 'comunidad universal
de bienes', donde se integran en la comunidad los
bienes adquiridos por los cónyuges por cualquier
título antes y durante el matrimonio, careciendo
los esposos de bienes privativos o particulares
(Brasil o Portugal); b) el régimen de 'separación
de bienes', que permite que el patrimonio de
cada uno de los cónyuges se encuentre diferen-
ciado durante el matrimonio, de modo que cada
cónyuge gestiona y administra sus bienes (Ando-

rra o Chipre); c) el régimen de la 'sociedad de gananciales', tradicionalmente mayoritario en los ordenamientos de la familia de *civil law,* caracterizado por la existencia de una masa de bienes comunes adquiridos a título oneroso tras celebrar el matrimonio, excluyéndose aquellos bienes que hayan sido adquiridos antes del matrimonio o después del matrimonio mediante donación o herencia (España —Derecho común— o Italia) o, d) el régimen de 'participación en las ganancias', régimen donde, al finalizar el matrimonio, resulta un derecho de crédito con la finalidad de compensar las ganancias que los cónyuges hayan podido obtener durante el mismo (Alemania o Finlandia)[10].

---

10   Para un estudio sobre los grandes regímenes económico matrimoniales en Derecho comparado *vid.* A. Arceri, *I regimi patrimoniali della famiglia in prospettiva europea,* Giuffrè, Milán, 2016; B. Braat, "Matrimonial property law: Diversity of forms, equivalence in substance", en *Convergence and Divergence of Family Law in Europe*, M. Antokolskaia (ed.), Intersentia, Cambridge, 2007, pp. 240-242; F. Calvo Babío, *Regímenes económico-matrimoniales: Derecho internacional privado y compendio de sistemas comparados,* Tirant lo Blanch, Valencia, 2021; A.L Calvo Caravaca y J. Carrascosa González, "Ley aplicable a los regímenes económicos matrimoniales y Reglamento 2016/1103 de 24 junio 2016. Estudio técnico y valorativo de los puntos de conexión", *Cuadernos de Derecho Transnacional*, 2023, vol. 15, n.º 2, pp. 31-34; I. Copart, *Les régimes matrimoniaux*, Vuibert, París, 2007; G.A.L. Droz, *Les*

En este marco general, como hemos adelanta-
do, el sistema inglés, frente a los grandes regímenes
expuestos, se va a caracterizar por el hecho de que
no existe oficialmente la institución del régimen
económico matrimonial como un efecto directo
derivado de la celebración del matrimonio. Esto es,
podemos decir que con arreglo al Derecho inglés
no existe una sociedad económica matrimonial[11].

_____

régimes matrimoniaux en Droit international privé comparé, RCADI, vol. 143 (1974), pp. 1-138; J.M. Fugardo
Estivill, Regímenes económicos del matrimonio y de la
Pareja. Sucesión y prueba de la cualidad de heredero
en el Derecho francés. Normativa interna y Derecho
internacional privado, Bosch, Barcelona, 2011, pp. 80-
85; E. Gómez Campelo, Los regímenes matrimoniales
en Europa y su armonización, Reus, Madrid, 2008;
A. Oliva Izquierdo, A.M. Oliva Rodríguez y A.M Oliva Izquierdo, Los regímenes económico matrimoniales
del mundo, Colegio de Registradores de la Propiedad,
Mercantiles y Bienes Muebles de España, Madrid,
2017; V.L. Simo Santoja, Compendio de regímenes
matrimoniales, Tirant lo Blanch, Valencia, 2005; A.L.
Verbeke et al., "European marital property Law. Survey
1998-1994", European Review of Private Law, Vol. 3,
1995, pp. 445-482 y A. Rodríguez Benot, "Los efectos
patrimoniales de los matrimonios y de las uniones registradas en la Unión Europea", Cuadernos de Derecho
Transnacional, 2019, n.º 1, pp. 8-50.

11   Así, entendemos como un error que se indique, en referencia al Derecho inglés, que, "de tal modo que contraído el matrimonio se sigue un sistema de separación
de bienes" (SAP de Valencia de 15 de febrero de 2018
—vid. nota 5—). Si se sigue un sistema de separación de
bienes, implícitamente se está dando a entender que sí

Sin embargo, ello no significa que en todos los países de *common law* suceda lo mismo, pues, aunque ello suele ser lo habitual, nos encontramos en tales países con algunos sistemas, inmersos en sus territorios, muy similares a los de *civil law*. Ello sucede, por ejemplo, en Quebec, en Canadá (profundamente enraizado en la cultura francesa) o en Luisiana en Estados Unidos de América (de una clara influencia española y, asimismo, francesa). Sin embargo, puede llamar más la atención el hecho de que, incluso dentro del Reino Unido, el cercano Derecho escocés, frente a lo que acontece en el Derecho inglés, sí que cuente con una regulación legal sobre el régimen económico matrimonial: en efecto, en

---

existe un régimen económico matrimonial: el de separación de bienes. Y realmente no existe en el Derecho inglés un sistema de separación de bienes, simplemente, reiteramos, se desconoce la institución del régimen económico matrimonial: en la mayoría de los países de *common law* el hecho de la celebración del matrimonio carece de impacto alguno respecto de la propiedad de los bienes de los cónyuges, la cual permanece inalterable. En tal sentido se indica acertadamente en la SAP de Tenerife de 3 de octubre de 2019, que la vendedora tenía la nacionalidad británica y que "era titular del inmueble con sujeción al régimen económico matrimonial de su país, es decir, del Reino Unido, que implica, según acepta el Registrador recurrente, que no existe régimen económico, teniendo cada cónyuge la completa disponibilidad sobre sus bienes" (ROJ: SAP TF 2169/2019).

dicho ordenamiento, sobre la base inicial de la
libre separación de bienes, existen reconocidos
entre los cónyuges derechos recíprocos en favor
de aquél que no sea el titular de un determinado
bien; y ello acontece tanto durante el tiempo de
convivencia matrimonial (donde, por ejemplo,
existe el derecho de habitación, en relación a la
casa de la que es titular el otro cónyuge, y ello
junto a una presunción legal de pertenecer por
mitad todos los bienes adquiridos durante el matrimonio), como tras el divorcio o fallecimiento.
Ello da lugar a que se llegue a hablar en el caso
del Derecho escocés de la existencia de un régimen de 'separación de bienes modificado'[12].

II. LA *MATRIMONIAL PROPERTY*
EN EL DERECHO INGLÉS

1. El punto de partida: la no existencia de régi-
men económico matrimonial

Como acabamos de indicar, en el Derecho
inglés el matrimonio *per se* no produce ninguna

---

12   La regulación al respecto se encuentra contenida en la
     Section 24, Family Law —Scotland— Act 1985. En cual-
     quier caso, ha de tenerse en cuenta que el sistema escocés
     de *financial provisions* previsto para el caso de divorcio
     ofrece marcadas diferencias respecto al sistema inglés de
     ancillary relief y de sus *financial orders (infra* epígrafe IV*)*.

consecuencia sobre el patrimonio de los cónyuges, esto es, la celebración del matrimonio carece de impacto alguno respecto de la propiedad de los bienes de los cónyuges, que permanece inmutable, no produciéndose una confusión de patrimonios[13]. Del mismo modo, ninguno de ellos adquiere la facultad de administrar los bienes del otro tras la celebración del matrimonio[14], y ambas reglas se aplican a los bienes adquiridos tanto antes como después de la celebración. Por ello, las transacciones llevadas a cabo por un cónyuge no vinculan al otro, siendo cada uno responsable

---

13   Sobre el régimen de propiedad de los bienes del matrimonio en el Derecho inglés *vid.* E. Cooke *et al.*, "Community of Property-A regime for England and Wales: interim report", *International Family Law*, 2005, pp. 133-137; M. Davier, "Matrimonial Property in English and American Conflicts of Law", *International & Comparative Law Quarterly*, 1993, n.º 4, pp. 855-881 y J.M. Cherpe, "England and Wales – A Jurisdiction without a Matrimonial Property Regime", en E. Lauroba Lacasa y M.E. Ginebra Molins (dirs.), *Régimes matrimoniaux de participation aux acquêts et autres mécanismes participatifs entre époux en Europe*, LGDJ, Paris, 2016, pp. 111-127.

14   Desde el año 1882 en el Derecho inglés el matrimonio no produce efecto alguno sobre los derechos de propiedad de personas que se encuentren domiciliadas (*domiciled*) en Inglaterra o Gales. Ello aconteció gracias a la *Married Women's Property Act 1882*, dictada en pleno fulgor de la época victoriana, en virtud de la cual la esposa alcanzó completa igualdad y autonomía patrimonial respecto del marido.

de sus deudas, por lo que, salvo supuestos muy particulares, únicamente los bienes del cónyuge que haya contraído una deuda pueden ser atacados por su acreedor[15].

El matrimonio no crea forzosamente la existencia de un patrimonio que sea común para los esposos, no se establece una comunidad de bienes, se entiende que la propiedad la ostenta el titular del bien en cuestión, lo sea uno solo de ellos o lo sean los dos; no se impone limitación alguna respecto al uso y administración de los bienes privativos al cónyuge titular de los mismos. En definitiva, el Derecho inglés no contempla el concepto de régimen económico matrimonial, es un concepto desconocido, de modo que cada uno de los cónyuges conserva sus bienes, como si no estuvieran casados, por lo que, si nos encontrásemos ante un supuesto internacional donde fuese de aplicación la Ley inglesa, no podría activarse algo parecido al régimen de gananciales o de separación de bienes, ni tampoco abrirse un procedimiento de liquidación del régimen eco-

---

15   Al respecto, dispone la *Section 37* de la *Law of Property Act 1925*: "El marido y la mujer, a los efectos de adquisición de cualquier participación en propiedad, en virtud de una disposición ya hecha o que se llevara a efecto después de la entrada en vigor de esta Ley, *serán tratados como dos personas distintas*" (las cursivas son nuestras).

nómico matrimonial a la manera entendida por los juristas de los países de *civil law*[16].

Como acertadamente se indica en la sentencia de la Audiencia Provincial de Palma de Mallorca de 28 de septiembre de 2021, en un supuesto donde se discutía sobre la Ley aplicable al régimen económico matrimonial de un matrimonio integrado por dos nacionales británicos: "es reconocido por la doctrina que Reino Unido e Irlanda de Norte carecen del régimen económico matrimonial, porque en este sistema legal el matrimonio no produce consecuencias patrimoniales. Si los cónyuges no han pactado nada en cualquiera de los sistemas legislativos coexistentes en el Rei-

---

16   *Vid.* D. Gluhaia, "No hay comunidad de bienes si la ley inglesa regula el régimen económico matrimonial del causante y no se ha acreditado la existencia del pacto entre los cónyuges", *Cuadernos de Derecho Transnacional*, (octubre 2022), Vol. 14, N.º 2, p. 1077. En la resolución de la antigua Dirección General de los Registros y del Notariado de 19 de octubre de 2018 se señala, por un lado, que, "por tratarse de la legislación inglesa no existe propiamente un régimen económico-matrimonial" y, por otro, se refiere a que el notario había indicado en sus alegaciones que el "régimen económico matrimonial es el de separación absoluta de bienes según la legislación civil inglesa", lo cual era, sin duda, una evidente incorrección *(BOE* n.º 291 de 3 de diciembre de 2018, F.D. 4.º, pfo. 2.º); y en el mismo sentido la resolución de 26 de septiembre de 2023 (*BOE* n.º 261 de 1 de noviembre de 2023, F.D. 1º).

no Unido e Irlanda de Norte, no está previsto supletoriamente que el matrimonio genere comunidad patrimonial alguna entre ellos"[17].

Por su parte, en el supuesto resuelto por la resolución de la Dirección General de Seguridad Jurídica y Fe Pública de 31 de enero de 2022[18], se analizó si la venta de un inmueble, realizada por sus tres copropietarios, precisaba del consentimiento del cónyuge de uno de ellos por tratarse, en principio, de la vivienda habitual de la pareja. Dicha exigencia podía venir impuesta por la ley rectora del régimen económico matrimonial o podía tener que tomarse en consideración por formar parte del orden público del foro (en este supuesto, el ordenamiento español). En el caso abordado en dicha resolución, la Ley aplicable a las relaciones patrimoniales de los cónyuges era la Ley inglesa en virtud de lo dispuesto en la primera conexión del artículo 9.2 del Código civil, aplicable *ratione temporis*. Y, según nuestro ordenamiento, es sabido que existe total libertad a la hora de que el cónyuge disponga de sus bienes privativos. Por esta razón se planteaba si podía exigirse el consentimiento del cónyuge no titular por la aplicación del artículo 1320 de Código civil, como norma de orden público del ordena-

---

17   ECLI:ES:APIB:2021:2213 (F.D. 2.º).
18   *BOE* núm. 41, de 17 de febrero de 2022.

miento español. Pues bien, finalmente la Dirección General resolvió la controversia de una manera 'habilidosa' al considerar que el inmueble objeto de la controversia realmente no constituía la vivienda habitual de la pareja y, atendiendo a ello, no resultaba necesario el consentimiento del cónyuge para que la venta del bien fuese considerada válida y, en consecuencia, inscribible[19].

Sin embargo, y frente a lo expuesto, resulta interesante resaltar algunos supuestos contemplados en el Derecho inglés que pueden implicar una matización a este planteamiento: a) el primero sería la excepción representada por los *household goods* o *household chattels*, algo así como el ajuar doméstico, el cual se presume que pertenece por igual a los esposos dada la dificultad práctica de determinar la titularidad exacta de tales bienes; b) el segundo puede darse cuando, con ocasión de la disolución del matrimonio, la autoridad judicial utiliza un mecanismo

---

19   Para un profundo estudio sobre dicha resolución, *vid.* J. Rodríguez Rodrigo, "La aplicación del artículo 1320 CC como orden público en el ordenamiento español. A propósito de la resolución de 31 de enero de 2022, de la Dirección General de Seguridad Jurídica y Fe Pública", *Cuadernos de Derecho Transnacional*, 2023, vol. 15, n.º 1, pp. 1030-1038. Y, en similar sentido, *vid.* la resolución de la Dirección General de Seguridad Jurídica y Fe Pública de 25 de octubre de 2023 (*BOE* nº 279 de 22 de noviembre de 2023).

de corrección según el cual sería preciso definir previamente la propiedad legal de los bienes a fin de solucionar un eventual litigio[20]; y c) el último, vinculado al anterior, se refiere a la existencia o no de una manifestación de voluntad de las partes a través de un *prenuptial agreement*, figura originaria de los Estados Unidos pero cada vez más extendida en Europa; y, si bien en el Derecho inglés tradicionalmente tales acuerdos no resultaban vinculantes (*legally bindig*)[21], lo cierto es que su reconocimiento y utilización es cada día mayor, reconociéndose como una herramienta útil para regular cómo los bienes de un matrimonio deberían ser divididos tras un divorcio, habiendo manifestado un claro giro a su favor la jurisprudencia inglesa en los últimos años[22]. En

---

20   Sería el caso de la llamada *equitable* o *beneficial property*, figura ésta que daría lugar a una división equitativa de la propiedad, y sobre la cual trataremos con detenimiento en el presente estudio en el epígrafe V, relativo a la distribución del patrimonio matrimonial tras el divorcio.

21   *Vid*. F.J. Colao Marín, *Los acuerdos prematrimoniales en el Derecho civil español. El contenido posible*, Dykinson, Madrid, 2018, pp. 34-38.

22   En particular tras la sentencia *Radmacher v Granatino* [2010] UKSC 42 2010 y las posteriores *Hopkins v Hopkins* [2015] EWHC 812 (Fam) y *MN v AN* [2023] EWHC 613 (Fam), que refuerzan la posición sobre la importancia de los *prenuptial agreements* en el Derecho inglés, los cuales deben ser tenidos en cuenta por

todo caso, ha de tenerse en cuenta que en los países de *common law* el ámbito material de los *prenuptial agreements* ha resultado tradicionalmente más amplio que en los países de *civil law* —ello quizás por la característica significación de las capitulaciones en éstos—, pudiendo incluirse en la regulación la división de los bienes entre los cónyuges tras una ruptura o, en un sentido general, cualquier otro efecto patrimonial que pudiera derivarse del divorcio.

Al margen del tratamiento dado por la jurisprudencia inglesa a estos aspectos puntuales, en el Derecho inglés no existe la institución del régimen económico matrimonial, la misma es desconocida[23]. En la respuesta dada por el Reino

---

los tribunales siempre que no conlleven resultados injustos ni hayan sido alcanzados mediante coacción (*not completely unreasonable or signad under duress*). Sobre el caso *Radmacher*, *vid*. M. Welstead y S. Edwards, *Family Law*, *op. cit*., pp. 199-205. En relación a los *prenuptial agreements* se ha pronunciado ya en la doctrina española, entre otros, I. Antón Juárez, "Acuerdos prematrimoniales: Ley aplicable y Derecho comparado", *Cuadernos de Derecho Transnacional*, 2015, vol. 7, n.º 1, pp. 8-12; M. García Mayo, *Pactos prematrimoniales en previsión de crisis matrimonial*, Bosch, Madrid, 2023 y M.D. Cervilla Garzón, *Los acuerdos prematrimoniales en previsión de ruptura. Un estudio de Derecho comparado*, Tirant lo Blanch, Valencia, 2013.

23   Así se indica en la ya citada sentencia de la Audiencia Provincial de Valencia de 15 de febrero de 2018: el

Unido a la consulta pública relativa a la *European Commission Proposed Regulations on Matrimonial Property Regimes and the Property Consequences of Registered Partnerships,* se indicaba al respecto: *"(…) the concept of matrimonial property regimes does not clearly exist in England and Wales and Northern Ireland as regards legal relationships during the currency of the marriage or registered partnership. Similarly, the concept does not apply in the laws of England and Wales or Northern Ireland after the relationship ends"*[24]. Es por ello por lo que en tal ordenamiento no se encontrará una reglamentación *ex professo* de la misma, abordándose el estudio de las materias próximas fuera del marco del Derecho de familia, recogiéndose su

---

Derecho inglés "carece de régimen económico matrimonial específico" (ECLI:ES:APV:2018:480, F.D. 2.º, *in fine*). Como señala B. Braat, *"There is no explicit legal regime, since there is no specific set of rules regulating the patrimonial consequences"* ("Matrimonial property Law: diversity of forms, equivalence in substance", *op. cit.* p. 239). Y, como de una manera clara indica F.J. Colao Marín, el Derecho inglés "no contempla la figura del régimen económico matrimonial" (*Los acuerdos prematrimoniales en el Derecho civil español. El contenido posible, op. cit.*, p. 34).

24   *Public Consultation* CP-R-8/2001, de 28 de noviembre de 2011, para. 26 (https://consult.justice.gov.uk/digital-communications/matrimonial_property/supporting_documents/matrimonialpropertyregisteredpartnerships.pdf).

tratamiento más en el ámbito del Derecho patrimonial, sea el contractual, sea el real[25]

2. Los efectos económicos del matrimonio ante el divorcio o el fallecimiento de uno de los cónyuges

Frente a este panorama, en el Derecho inglés sí que se regula expresamente la división de la propiedad matrimonial en caso de divorcio y, en tal sentido, algunos autores se refieren a la existencia de un régimen de separación de bienes con asignación judicial del patrimonio en caso de divorcio, o incluso a veces se habla de un au-

---

25 Estos sistemas vienen a considerar que los acuerdos relativos a los bienes de los esposos caen en el ámbito de la *proper law of the contract* y que los actos concernientes a bienes inmuebles atañen a la *lex rei sitae*. Vid. al respecto G.A.L. Droz, "Les régimes matrimoniaux en Droit international privé comparé", *op. cit.*, p. 85; Cheshire, North & Fawcett, *Private international Law*, 15.ª ed., Oxford University Press, Oxford, 2017, pp. 1365-1380, que incluye la materia en el contenido del Capítulo VI (*The Law of Property*) y C. Hamilton, "England and Wales", en C. Hamilton y A. Perry, *Family Law in Europe, op. cit.*, p. 109. Sobre la evolución histórica de esta cuestión en el sistema de *common law* vid. N. Peart, J. Palmer y M. Briggs, "Introduction", en J. Palmer, N. Peart, M. Briggs y M Heneghan (eds.), *Law and Policy in Modern Family Finance*, Intersentia, Cambridge, 2017, p. 1 ss.

téntico régimen económico matrimonial de separación de bienes en tal ordenamiento[26].

---

26   Así, para A. Ortega Giménez, "La separación de bienes es
     el 'régimen legal' en prácticamente todos los países con
     Common Law", si bien matiza que "resulta más apropiado
     hablar de una separación de bienes con asignación judi-
     cial del patrimonio según el principio de equidad", aun-
     que para un abogado español, según el citado autor, tal
     régimen podría identificarse más como "un régimen ga-
     nancial *sui generis*" ("El régimen económico matrimonial
     en el Reino Unido", *Barataria, Revista Castellano-Man-
     chega de Ciencias Sociales*, n.º 23, 2017, p. 202-203 y
     206). Por su parte, el notario V. Martorell García mantiene
     que "(…) en las comparecencias de ciudadanos británicos
     no hay inconveniente en seguir diciendo que su régimen
     económico matrimonial es el legal británico supletorio de
     separación de bienes, pues la no previsión supletoria en
     cualquiera de las legislaciones u ordenamientos jurídicos
     inglés, escocés, galés o norirladés (en definitiva, británi-
     cos) de que el matrimonio genere comunidad patrimonial
     alguna entre los cónyuges es equiparable a una separa-
     ción de bienes" ("Estatuto personal de los británicos y su
     régimen matrimonial y sucesorio en la práctica notarial
     española", *Notarios y Registradores*, 6 de marzo de 2008).
     Al respecto, J. Rodríguez Rodrigo indica que "los opera-
     dores jurídicos en España asimilan las reglas británicas
     de reparto del patrimonio tras la disolución del vínculo
     nupcial al régimen de separación de bienes español" ("La
     aplicación del artículo 1320 CC como orden público en
     el ordenamiento español. A propósito de la resolución de
     31 de enero de 2022, de la Dirección General de Seguri-
     dad Jurídica y Fe Pública", *op. cit.*, p. 1034). Sin embargo,
     S.L. Cooper y D. Carrillo Martín dejan claro que el dato de
     que en el Derecho inglés no exista confusión de patrimo-
     nios como consecuencia del matrimonio y cada cónyuge

Por lo tanto, sí que se encuentra previsto en el sistema inglés que, como un efecto del divorcio, se produzca la división de bienes entre los cónyuges, y ésta puede afectar tanto a los bienes matrimoniales (*matrimonial property*), como a los bienes no matrimoniales (*non-matrimonial property*), existiendo al efecto una regulación en la que, como veremos, va a prevalecer la equidad y flexibilidad frente a la seguridad, algo por lo demás nada extraño en el marco del Derecho inglés teniendo en cuenta la tradicional aversión de los británicos a elaborar reglas que tengan un alcance general[27].

---

conserve el suyo, da lugar al "mito de la existencia de un régimen de separación de bienes" en tal sistema, lo cual no puede estar más alejado de la realidad ("To be or not to be. La existencia o no de regímenes matrimoniales en Inglaterra y Gales", *Wolters Kluwer Revistas, Actualidad Civil*, 16 de abril de 2013, p. 1).

27   Como indican A. Barlow y N. Lowe, *"Whilst there was no formal community of property approach, case law had significantly shifted to what has been described as a judicially created system of community of property"* ("The effects of EU Law on Family Law in England and Wales", en *The interaction between Family Law, Succession Law and Private international Law*, J.M. Sherpe y E. Bargelli (eds.), Intersentia, Cambridge, 2021, pp. 117-118). Por su parte, B. Braat señala: *"However, this does not mean that marriage has no effect at all (…), marriage affects property rights by subjecting them potentially to the court's discretionary jurisdiction on divorce"* ("Matrimonial property Law: diversity of forms, equivalence in substance", *op. cit.*, pp. 239-240).

Dicha regulación se encuentra contenida en la *Matrimonial Causes Act 1973*[28], disponiendo el juez de cierta 'discrecionalidad' a la hora de poder dictar diversos tipos de *orders*, todo ello dentro de lo que se conoce como el procedimiento de *ancillary relief*[29]. Se trata éste de un término de difícil traducción ("medida auxiliar")[30], que viene a referirse a todas las medidas que pueden ser dictadas por el juez, a instancia de parte, en el marco de un procedimiento de divorcio, y ello en aras a determinar la situación económica de los cónyuges como consecuencia de la ruptura y la liquidación del patrimonio familiar. Tales medidas funcionan como auxiliares (*ancillary*) en tal procedimiento de divorcio dado que tienen plena autonomía y son independientes de lo que es la disolución del matrimonio en sí. Salvando las importantes distancias —como de ordinario suele acontecer con las instituciones del Derecho inglés—, se podrían

---

28   https://www.legislation.gov.uk/ukpga/1973/18.
29   Como indican M. Welstead y S. Edwards, se trata de *"a process known as an application for ancillary relief, (…) they applied for a legal order to end their relationship"* (*Family Law, op. cit.*, p. 170).
30   'Ancillary relief' es uno de esos conceptos que, como otros muchos propios del Derecho inglés (*trust, barrister, solicitor, anti-suit injuction, probate*, etc.), quizás convenga dejarlo en su versión originaria, y no pretender una traducción que se nos antoja complicada y que, en no pocos casos, puede dar lugar a la creación de confusiones.

asemejar en cierto modo a las medidas provisionales que se contemplan en el Derecho español en los procedimientos de divorcio. Como veremos, dichas medidas suelen contener disposiciones de carácter económico (*financial provisions*) destinadas a la distribución de los bienes del matrimonio o a garantizar el derecho de alimentos de los cónyuges o de los hijos menores.

Sin embargo, frente a lo que sí acontece en los supuestos de divorcio, en el Derecho inglés, en caso de fallecimiento de uno de los cónyuges no existen reglas recogidas en un cuerpo normativo *ad hoc* sobre la división y liquidación patrimonial. Pero ello no significa que no se produzcan una serie de consecuencias económicas en tal caso, efectos que dependerán de una serie de variados factores, que pueden o no concurrir en cada supuesto. A ellos vamos a referirnos a continuación antes de centrarnos en el análisis de los efectos patrimoniales propios del divorcio sobre los diversos bienes conectados con el matrimonio dentro dl marco de la *Matrimonial Causes Act 1973*.

III. ALGUNAS CONSECUENCIAS PATRIMONIALES TRAS EL FALLECIMIENTO DE UNO DE LOS CÓNYUGES

Si bien el matrimonio no produce efectos en el régimen de los bienes de los cónyuges, hemos indicado que sí se encuentra legalmente prevista la regulación de los efectos patrimoniales en el caso de divorcio. Sin embargo, en el caso de fallecimiento de uno de los cónyuges no encontramos en el Derecho inglés una regulación *ad hoc* en relación a cómo se debe acometer la división patrimonial. Pero sí que existen determinadas instituciones con efectos jurídicos en cuyo marco regulador sí que se encuentran previstas determinadas situaciones con consecuencias económicas. Se trata de formas de transmisión de bienes que, sin embargo, y salvo alguna excepción, quedan al margen de la propia sucesión, es decir, no se vinculan a ésta. Veamos:

a. Así, como primera cuestión, cuando se trata de bienes que fueron adquiridos en vida conjuntamente por los cónyuges, la situación de copropiedad puede calificarse a tenor del Derecho inglés[31]: a) bien como de *joint tenancy*, forma muy común en los matrimonios ingleses, en cuyo caso nos encontraríamos ante una comunidad de bienes solidaria, sin cuotas, con un título común que posibilitaría el *ius accrescendi* a favor del cónyuge supérstite, de manera que esa propiedad no se integraría entre

---

31   *Vid*. C. Hamilton, "England and Wales", en C. Hamilton y A. Perry, *Family Law in Europe, op. cit.* p.109-110.

los bienes de la herencia y, por lo tanto, no sería necesario tramitar el *grant of representation,* también llamado procedimiento de *probate*[32]; b) o bien como de *tenancy in common,* encontrándonos entonces ante una comunidad de bienes mancomunada —o por cuotas— que daría lugar a que, tras el fallecimiento de uno de los cónyuges, el bien pasaría directamente a integrar parte de su caudal relicto. Como indica M. Checa Martínez, el principal efecto de una situación de *joint tenancy* entre cónyuges es que ambos resultarían propietarios en

---

32 Se trata de un procedimiento en el cual se expide el llamado *grant of administration* (o *grant of representation*), esto es, un acta judicial probatoria del testamento, la cual es emitida por el *Principal Regristry* de la *High Court of Justice* (*Family Division*). A través de éste se declara válido el testamento y se habilita al *personal representative* (*administrator* o *executor*) para administrar la herencia. Puede tratarse de un *grant of probate*, si ha sido designado *executor* en el testamento o *grant of letters of administration*, cuando no existe testamento o bien, sí hay testamento, pero no fue designado *executor* (entonces de denomina *grant of letter of administration with wil annexed*). Sobre el *grant of representation* vid. R. Lafuente Sánchez, *Derecho sucesorio inglés, normas de conflicto y sucesión de ciudadanos británicos en España*, Aranzadi, Cizur Menor (Navarra) 2021, pp. 94-128 y J.P. Murga Fernández, *Los sistemas europeos de liquidación de las deudas sucesorias*, Aranzadi, Cizur Menor (Navarra), 2020, pp. 38-44.

la misma medida con independencia de cuál haya sido su aportación en la compra de la propiedad, extinguiéndose el derecho al fallecer uno de los copropietarios y acreciendo el derecho del superviviente, circunstancia que no acontece en caso de situaciones de *tenancy in common*, donde al fallecer un propietario su cuota sí pasa a formar parte de su herencia[33]. Esta última modalidad de copropiedad es frecuente cuando los cónyuges propietarios desean reflejar distintos porcentajes de titularidad o en casos en los que los componentes del matrimonio tengan hijos de otras uniones anteriores y deseen que éstos reciban la parte correspondiente del bien en cuestión.

b.   Entre otros posibles mecanismos alternativos de sucesión (*will substitutes*)[34], apa-

---

33   "Cónyuge y Derecho internacional privado de familia y sucesiones: opciones de planificación y protección patrimonial en perspectiva comparada", en *Temas actuales de Derecho Privado I*, en M.D. Cervilla Garzón y A.M. Ballesteros Barros (dirs.), Aranzadi, Cizur Menor, 2022, p. 213-214. Es decir, en este caso, las ventajas de división para los cónyuges *joint-tenants* son evidentes, al producirse la transmisión de la propiedad de una manera directa entre ellos al margen del fenómeno sucesorio.

34   Sobre estos mecanismos alternativos de sucesión, y su vinculación con el Reglamento 650/2012, *vid.*, M.A.,

rece la posibilidad de constituir en vida del causante un *trust inter vivos (living trust)* o de llevar a cabo donaciones en vida —que tienen un favorable tratamiento fiscal—[35], teniendo en cuenta que en el Derecho inglés no existe un sistema de colaciones (*clawbacks*) tal como está concebido en el Derecho español (arts. 1035 y siguientes del Código civil)[36]. Ade-

---

Cebrián Salvat, "Los will substitutes y el Reglamento sucesorio europeo", *Cuadernos de Derecho Transnacional*, 2016, vol. 8, n.º 1, pp. 318-333.

[35]   También existe en el Derecho inglés la posibilidad de realizar donaciones *mortis causa*, encontrándose sujetas a una serie de requisitos, y que tendrán efecto a la muerte del causante, pero con la peculiaridad y ventaja de que tienen prioridad a la sucesión testamentaria o *abintestato*. Sin embargo, en la práctica se trata de una opción no muy utilizada en la actualidad dado que se trata de una posibilidad que sólo es posible en anticipación inminente de la muerte

[36]   La inexistencia de colaciones en el Derecho inglés fue una de las principales razones por las que, en su día, el Reino Unido optó (*opting-out*) por no participar en el Reglamento (UE) n.º 650/2012 del Parlamento Europeo y del Consejo de 4 de julio de 2012, relativo a la competencia, la ley aplicable, el reconocimiento y la ejecución de las resoluciones, a la aceptación y la ejecución de los documentos públicos en materia de sucesiones *mortis causa* y a la creación de un certificado sucesorio europeo, cuyo artículo 23.2 i) incluye dentro del ámbito de la ley sucesoria "la obligación de reintegrar o computar las donaciones o liberalidades,

más, existiría la posibilidad de concertar seguros de vida o planes de pensiones, instrumentos que también afectarían a la situación patrimonial del cónyuge supérstite en los términos y condiciones que allí se hubieran fijado, produciéndose en estos casos la transmisión de la propiedad como consecuencia del fallecimiento, pero de nuevo al margen de la sucesión.

c. Y, conectado en parte al ámbito sucesorio, se encontraría el llamado *testamentary trust*, establecido en testamento, cuyo nacimiento se encontraría vinculado al fallecimiento del causante (quien sería el constituyente del *trust* o *settlor*), no entrando en vigor dicho *trust* hasta una vez se produjera el fallecimiento del testador. Este tipo de *trust*, frente al *trust inter vivos*, tiene la desventaja de no evitar la tramitación del ya

---

adelantos o legados a fin de determinar las cuotas sucesorias de los distintos beneficiarios". La ausencia de *clawbacks* constituye un principio sagrado en el Derecho inglés, el cual peligraba en el caso de la eventual obligación de aplicación por parte de sus tribunales de un Derecho extranjero (ex art. 21 y siguientes del Reglamento 650/2012) que contemplase la operatividad de la colación. Sobre esta peculiar figura y su escaso juego en los distintos ordenamientos del Reino Unido, *vid*. J. Holliday, *Clawback Law in the Context of Succession*, Hart, Oxford, 2020, pp. 66-68.

referido proceso del *probate*. Las razones para decantarse por constituir un *testamentary trust* pueden ser diversas: entre otras, proteger a los beneficiarios hasta que *éstos* tengan capacidad suficiente para poder administrar la propiedad, proteger los derechos del *surviving spouse,* obtener ventajas fiscales o el aseguramiento de la permanencia de los bienes en el patrimonio familiar durante un determinado tiempo[37].

d.   En el supuesto de que nos encontrásemos ante una sucesión testada (*testacy*)[38], ha de tenerse en cuenta que el Derecho inglés descansa, en principio, sobre la más amplia libertad a la hora de testar; tal sistema no conoce la figura de las legítimas entendidas en nuestro sentido. Pero en el Derecho inglés, sin embargo, existen las llamadas *provisions*, que en modo alguno equivalen, ni a la legítima fuerte de la tradición francesa y española, ni a la legítima meramente obligatoria del sistema alemán. Por

---

37   R. Lafuente Sánchez destaca que en la mayoría de los casos la creación de un *trust* sucesorio responde más bien a las necesidades de los beneficiarios que a consideraciones de tipo estrictamente fiscales (*Derecho sucesorio inglés, normas de conflicto y sucesión de ciudadanos británicos en España, op. cit.* pp. 71-72).

38   La regulación del testamento se contiene en la *Wills Act* 1837.

contra, tal institución —cuya regulación se contiene en la *Inheritance (Provision for Family and Dependants) Act 1975*[39]— da lugar a una posible acción a favor de ciertas personas, entre ellas, en particular, al *surviving spouse*[40], para reclamar que les sea concedido el pago de una cantidad (*provision*), no concretada, con cargo a la herencia del causante. Se trata de una indemnización surgida por una deuda moral del causante, cantidad que, reiteramos, en modo alguno puede ser considerada como una legítima en el sentido del Derecho español, y que, además, la determina el juez *in casum* con cierta discrecionalidad[41].

---

39   https://www.legislation.gov.uk/ukpga/1975/63.

40   *Section 1(1)(b) Inheritance (Provision for family and Dependants) Act 1975.*

41   Sobre las *family provisions*, en general, *vid.* A. Barrio Gallardo, "La *family provision* inglesa: paradigma de las restricciones flexibles a la libertad de testar", *Revista Anales de la Facultad de Ciencias Jurídicas y Sociales (UNLP)*, año 15, núm. 48, 2018, pp. 103-124; M. Anderson, "Una aproximación al derecho de sucesiones inglés", *Anuario de Derecho Civil*, t. LIX, f. III, julio-septiembre 2006, pp. 1275-1278; R. Lafuente Sánchez, *Derecho sucesorio inglés, normas de conflicto y sucesión de ciudadanos británicos en España, op. cit.* pp. 75-88; M. Marañón Astolfi, "Family provisions: ¿legítima en el Derecho anglosajón?", en F. Capilla Roncero *et al., Las legítimas y la libertad de testar*, Thomson-Reuters Aranzadi, Cizur Menor, 2019, pp. 621-642; R. Ke-

e. En el caso de tratarse de una sucesión intestada (*intestacy*), si no existen otros descendientes, el *surviving spouse* tiene en principio derecho a todo el caudal hereditario, mientas que si concurren descendientes recibiría los enseres personales (*personal chattels*), una suma fija y, de existir otros bienes, el derecho al usufructo vitalicio sobre el rendimiento que genere la mitad del remanente de la herencia[42]. Por lo tanto, ha de tenerse en cuenta que en el Derecho inglés, a diferencia de lo que, por ejemplo, ocurre en el sistema de derecho común en España, el cónyuge supérstite resulta ciertamente favorecido en el caso de una sucesión intestada y, como analizaremos en el epígrafe VI (apartado 4), ello puede dar lugar a que en supuestos de sucesiones inter-

---

rridge, "Libertad de testar en Inglaterra y Gales", en F. Capilla Roncero y otros (dirs.), *Las legítimas y la libertad de testar, op. cit.*, pp. 239-254 y A. Vaquer Aloy, "Reflexiones sobre una eventual reforma de la legítima", *InDret*, julio de 2007, pp. 3-7.

42 La suma fija a percibir (*statutory legacy*) asciende desde 2020 a la cantidad de 270.000 libras, suma que deriva de la reforma de la *Inheritance and Trustees' Powers Act 2014* (*vid*. R. Lafuente Sánchez, *Derecho sucesorio inglés, normas de conflicto y sucesión de ciudadanos británicos en España, cit.*, p. 73 y C. Hamilton, "England and Wales", en C. Hamilton y A. Perry, *Family Law in Europe, op. cit.*, pp. 112-113).

nacionales puedan producirse situaciones de grave desequilibrio patrimonial —en este caso a favor del cónyuge supérstite— al entrar en juego, previamente a la sucesión, la liquidación del eventual régimen económico matrimonial. La situación de favorecimiento tendría lugar, en este caso, en el supuesto de que el Derecho inglés fuese aplicable a ambos aspectos.

f. Finalmente, otros posibles efectos económicos derivados del fallecimiento de uno de los cónyuges pueden depender de la eventual existencia de un *marriage contract,* donde se pueden regular, entre otros aspectos, la división de la propiedad matrimonial en el caso de fallecimiento de uno de los cónyuges, y ello a efecto de la determinación de los bienes que compondrían la herencia del causante[43].

---

43   Como señala M. Checa Martínez, si bien en relación a los *prenuptial agreements* (aunque, *mutatis mutandis,* cabría el mismo comentario en relación los *marriage contracts*), quizás el riesgo jurídico inherente a la discrecionalidad judicial en la determinación de los efectos del divorcio típico del Derecho anglosajón ha llevado en el sistema de *common law* a reconocer la eficacia vinculante de los *prenuptial agreements* entre los cónyuges, y ello con un ámbito muy amplio («Cónyuge y Derecho internacional privado de familia y sucesiones: opciones de planificación y protección patrimonial en perspectiva

IV. LAS *FINANCIAL ORDERS* EN LA *MATRIMONIAL CAUSES ACT 1973*

1. Las *financial orders*: concepto y clases

En la *Section 24* de la *Matrimonial Causes Act 1973* se contemplan diversas *financial orders,* esto es, órdenes de pago, las cuales puede dictar el juez inglés a instancia de las partes con cierta autonomía y discrecionalidad como consecuencia de un procedimiento de divorcio, órdenes que pueden afectar tanto a la *matrimonial property* como a la *non-matrimonial property* (*infra*) [44]. Así pues, ante la inexistencia de un régimen económico matrimonial en el Derecho inglés, son los jueces los que, para evitar posibles consecuencias injustas que se pudieran producir cuando tiene lugar un divorcio, se encargan de ponderar las posibles necesidades surgidas, fijando las posibles com-

---

comparada», *op. cit.,* p. 203). Ya hemos tenido ocasión de exponer que la aceptación de los *prenuptial agreements,* frente a las importantes reticencias iniciales, es cada día mayor en el Derecho inglés (*vid.* nota 22).

44 Ha se señalarse que la entrada en vigor el pasado 6 de abril de 2022 de la *Divorce, Dissolution and Separation Act 2020* (https://www.legislation.gov.uk/ukpga/2020/11/contents), cuyo principal hito ha sido la incorporación del Derecho inglés al sistema de *no-fault divorce* —esto es, a un sistema de divorcio descausalizado—, no ha afectado a la regulación de los efectos económicos derivados del divorcio contenida en la *Matrimonial Causes Act 1973*.

pensaciones entre esposos como consecuencia de las desventajas derivadas del fin de la relación matrimonial. Ha de señalarse que el juez puede dictar órdenes financieras provisionales y órdenes finales: las órdenes provisionales se dictan para ayudar económicamente a una de las partes en el proceso de divorcio mientras éste se encuentra en curso; por su parte las órdenes finales se dictan cuando el *decree nisi* (resolución que pone fin a la primera etapa del divorcio) se convierte en un *decree absolute* (que se dicta en la fase última y conlleva el fin oficial del matrimonio).

En concreto, las distintas *financial orders* que pueden ser dictadas a tenor de la referida *Section 24* serían las siguientes[45]:

a. Una *lump sum order,* que se refiere la imposición a una de las partes del pago de una suma de dinero a la otra, pudiendo tratarse de la obligación de realizar un pago único o bien de sucesivos pagos, si bien ello será siempre a una fecha cierta. Normalmente, si las partes no alcanzan un acuerdo (*financial settlement*) el juez

---

45 Para un estudio más profundo sobre las distintas *financial orders* que pueden ser dictadas en el marco de un procedimiento de *ancillary relief, vid.* C. Hamilton "England and Wales", en C. Hamilton y A. Perry, *Family Law in Europe, op. cit.*, pp. 120-121 y M. Welstead y S. Edwards, *Family Law, op. cit.*, pp. 172-180.

dicta una *lump sum order* para tratar de alcanzar un *clean break settlement* (acuerdo de ruptura limpia —*infra*—) entre las partes, es decir, una resolución de todas las reclamaciones financieras pendientes, incluidas las eventuales reclamaciones de alimentos, poniendo fin a las posibles controversias financieras entre las partes.

b. Una *transfer of property order,* cuya finalidad sería que se llevase a término la transmisión de una propiedad —normalmente la vivienda familiar (*matrimonial home*)— que se encuentra a nombre de una parte a la otra parte. Este tipo de *orders* suele dictarse, por ejemplo, cuando sea del interés de los hijos el permanecer en el hogar conyugal con uno de sus padres, o cuando a una de las partes le resulte difícil conseguir una vivienda después del divorcio, o en el caso de que la parte beneficiaria tuviese la capacidad de financiar la hipoteca y otros posibles costes de mantenimiento de la propiedad, si los hubiere, con o sin la asistencia de la otra parte[46].

---

46 Puede tratarse de una orden de transferencia inmediata o bien de una orden para que tenga lugar la transferencia en una fecha posterior, por ejemplo, cuando algún hijo termine el periodo de educación y cumpla los dieciocho años.

c.   Una *variation of settlement order*, tiene
     lugar cuando el juez considera que pro-
     cede reabrir un acuerdo previo de divor-
     cio, lo cual ocurre sólo en circunstancias
     excepcionales, por ejemplo, cuando un
     cónyuge no haya revelado completa y de
     manera franca su patrimonio e ingresos
     en el proceso de divorcio, o bien cuando
     se haya producido un cambio material en
     las circunstancias del cónyuge solicitante
     desde que se alcanzó el acuerdo. También
     puede ser emitida la orden en el supues-
     to de que la propiedad esté sujeta a un
     trust, el cual, atendiendo a las circunstan-
     cias, es considerado por el juez realmen-
     te como un *nupcial agreement*, en cuyo
     caso aquél tiene la posibilidad de dictar
     una orden para modificar los términos del
     trust, dando lugar a una posible asigna-
     ción de los bienes bajo el *trust* a una de
     las partes[47].

---

47   *Mutatis mutandis*, sería algo parecido al denominado
     implied trust, que tiene lugar cuando existe una situa-
     ción de hecho equivalente a un *trust*. Por ejemplo, sería
     el caso en el que un cónyuge adquiere un bien y sin
     embargo lo titula a nombre del otro; el tal supuesto el
     juez, que en el Derecho inglés tiene una activa partici-
     pación en todos los procedimientos de administración
     de bienes, puede interpretar que, en realidad, el pri-
     mero habría querido establecer un *trust* en beneficio

d. Una *order for sale*, la cual es dictada cuando lo que se pretende es la venta de un bien propiedad de las partes, normalmente el *matrimonial home*, estableciéndose en tal caso por el juez en la propia *order* el procedimiento para llevar a término la venta, así como el modo en que se habría de dividir entre ellas el producto resultante de la enajenación. En este caso el juez tendrá en cuenta varios factores relacionados con las circunstancias familiares, principalmente si la propiedad en cuestión constituye el hogar familiar para hijos dependientes; asimismo, se tendría en cuenta si la venta de la casa reportaría ingresos suficientes para permitir a las partes y los posibles hijos realojarse con cierta comodidad.

e. Una *pension sharing order,* que tiene por objeto que un administrador de fondo de pensiones *(fund administrator)* proceda a dividir entre las partes una pensión en porciones específicas. La *pension sharing order* establecerá la cantidad de pensión que se le otorgará al cónyuge a quien corresponda, y ello una vez que se haya rea-

---

propio, razón por la cual puede declarar la existencia de un *implied trust*.

lizado la valoración, momento a partir del cual el juez determinará el porcentaje del valor de la pensión de una de las partes que corresponde a la otra.

f.   Finalmente, el juez puede dictar una *periodical payments order,* en cuyo caso, y a diferencia de lo que sucede con la *lump sum order*, se está refiriendo a una *order* que lo que impone es la obligación de pago de una *maintenance* (*maintenance order),* normalmente de pago mensual a favor de un hijo o de la esposa. El juez puede limitar la duración de estas órdenes o de modificarlas en función de posibles cambios sustanciales en las circunstancias de cualquiera de las partes, produciéndose en todo caso su extinción, tanto en el supuesto de que el beneficiario contrajera nuevo matrimonio, como si se produjera el fallecimiento de cualquiera de las partes.

En definitiva, podemos constatar que el juez inglés cuenta con un importante número de *financial orders* de las que puede hacer uso, con cierta discrecionalidad, pero en todo caso debiendo tener en cuenta una serie de factores que le deben servir de guía a la hora de decidir, en su caso, la procedencia y los términos del mismas. Al tratamiento de dichos factores que, en cada caso el juez deberá sopesar, vamos a dedicar el epígrafe que sigue.

2. Los elementos a tener en cuenta a la hora de dictar una *financial order*

La *Section 25 (1)* de la *Matrimonial Causes Act 1973* establece como criterio general que, a la hora de dictar una *financial order*, el tribunal debe considerar todas las circunstancias del caso, teniendo en cuenta, en primer lugar, y por encima de cualquier otra consideración, el bienestar de cualquier hijo del matrimonio que no hubiese cumplido los dieciocho años. Por su parte, en la *Section 25 (2)* de la citada Ley se contemplan una serie de factores a los que el juez debe prestar una 'especial consideración' a la hora de dictar una *financial order*. Dichos factores son los que se relacionan a continuación[48]:

a. En primer término, se deben tener en cuenta los ingresos, la capacidad de ganancia, la propiedad y otros recursos financieros que cada una de las partes en el matrimonio tuviera, o es probable que pudiera obtener previsiblemente en el fu-

---

48 Para un estudio más detallado de tales factores en cuestión *vid*. M. Welstead y S. Edwards, *Family Law, cit*., pp. 188-196.

turo. Se incluye, en el caso de capacidad adquisitiva, cualquier aumento en esa capacidad que, en opinión del juez, fuese razonable esperar que cualquiera de los cónyuges podría alcanzar mediante la adopción de medidas razonables.

b.   Las necesidades financieras, obligaciones y responsabilidades que cada una de las partes del matrimonio tuviera o es probable que pudiera detentar en el futuro.

c.   El nivel de vida disfrutado por la familia con anterioridad a la ruptura del matrimonio.

d.   La edad de cada una de las partes, así como la duración del matrimonio.

e.   La posible discapacidad física o psíquica que pudiera tener cualquiera de los cónyuges.

f.   Las contribuciones que, para el bienestar familiar, cada una de las partes hubiera realizado, o es posible que realizase en un futuro previsible, debiéndose destacar que se incluye en este apartado cualquier aportación realizada como consecuencia del mantenimiento del hogar o cuidado de la familia.

g.   La conducta mostrada por cada uno de los cónyuges, siempre que dicha conducta, en opinión del juez, fuese injusto no tomarla en consideración. Este factor solo

se tiene en consideración en casos muy
excepcionales, en general, únicamente
cuando la referida conducta ha implicado
consecuencias financieras.

h. Finalmente, debe considerarse el valor
para cada uno de los contrayentes de
cualquier beneficio o ganancia que, en
circunstancias normales, y como consecuencia de la disolución o nulidad del
matrimonio, la parte hubiera perdido la
posibilidad de obtener (lucro cesante), lo
cual a veces no es fácil de acreditar.

Ha de señalarse que los jueces, a la hora de
dictar una *financial order,* deben tomar en consideración la totalidad de los factores que acaban
de ser expuestos. Además, no existe una jerarquía
entre ellos, únicamente en el caso de que existiese algún menor de dieciocho años, como se ha
apuntado, el tribunal deberá velar por su bienestar por encima de cualquier otra circunstancia
(*first consideration*)[49]. Tal ausencia de jerarquía
implica que los jueces disponen de cierta discreción a la hora de dictar las *financial orders,* pero,
en todo caso, siempre lo deberán hacer tratando
de alcanzar el resultado más justo atendiendo a
las particularidades de cada caso (*one case at a
time*). No obstante, y dada la trascendencia del

---

49   *Section 25.1 (1) Matrimonial Causes Act 1973.*

precedent en el Derecho inglés[50], los jueces al aplicar los factores de la *Section 25 de la Matrimonial Causes Act 1973* deberán ejercer su discreción siguiendo las pautas marcadas por la jurisprudencia (*case law*) contenida en las sentencias dictadas por los tribunales superiores (*higher courts*), y ello teniendo en cuenta que, como veremos, los principios más relevantes a considerar a tal efecto han sido fijados por dichos tribunales en sus resoluciones[51].

Por último, y de gran relevancia para el Derecho inglés, es importante destacar que también se regula en la *Matrimonial Causes Act 1973* lo que se conoce como el principio de rotura lim-

---

50   En el sistema inglés los jueces influyen decisivamente en la creación del derecho a través de los *binding precedents*, encontrándose obligados a seguir y aplicar lo decidido anteriormente (regla *stare decisis*), siendo algo esencial en tal sistema la correcta aplicación del precedente; de hecho, en la práctica la mayoría de los recursos de apelación interpuestos ante *The Court of Appeal* son fundamentados en la incorrecta aplicación de los *binding precedents* (*appeal by way of case stated*).

51   En particular. debe seguirse a doctrina contenida en las sentencias dictadas por *The Supreme Court of the United Kingdom* y por *The Court of Appeal of England and Wales (civil division)*. Ha de tenerse en cuenta que en octubre de 2009 *The Supreme Court* desplazó a *The House of Lords* como el más alto tribunal en el Reino Unido, siendo, por cierto, el único tribunal que tiene jurisdicción en todo el territorio del país, incluida Escocia e Irlanda del Norte.

pia (*clean break principle*)[52]. En su virtud, el juez debe considerar en cada caso si es apropiado ejercer sus facultades para poner fin a las obligaciones financieras de las partes entre sí tan pronto como sea justo y razonable una vez producido el divorcio. Cuando un tribunal dicta una orden de pagos periódicos continuos (*periodical payments order*), debe considerar si lo más apropiado sería exigir que los pagos se realizasen solo durante un período de tiempo que sea considerado lo suficiente para permitir que la parte receptora de los pagos se adapte, sin dificultades excesivas (*without undue hardship*), a la terminación de su dependencia financiera de la otra parte[53]. Es decir, en el Derecho inglés en estos casos, y en atención al referido *clean break principle*, se tiende al establecimiento de un prudente periodo transitorio que no se extienda en el tiempo más allá de lo estricta e indispensablemente necesario (*as soon as is just and reasonable*). Al respecto, en el caso *Minton v Minton* (1978), Lord Scarman se refería ya a tal principio en los siguientes términos: *"An object of the modern law is to encourage each to*

---

52   *Section* 25A.

53   Se trata de un principio que tiene sus limitaciones en cuanto solo resulta de aplicación en relación a los esposos, no se extiende a lo que se refiere a la finalización del periodo de posible *financial provisions* asignado a los hijos de la familia (M. Welstead y S. Edwards, *Family Law, op. cit.*, p. 187).

put the past behind them and to begin a new life which is not overshadowed by the relationship which has broken down"[54].

3. La determinación y valoración de los bienes matrimoniales

Con anterioridad a que el juez decida cómo debe procederse a la división de los bienes entre las partes, se hace necesario fijar el patrimonio matrimonial existente, y también cómo determinar su valoración. Esto, que en principio sería de puro sentido común, fue resaltado en el caso *Charman v Charman*[55]. A tal efecto es de resaltar el hecho de que, aunque no constituya una obligación, dado que el origen de los bienes puede tener efectos en el momento del divorcio, resulta muy recomendable que los cónyuges formen un inventario de los bienes, y que lo mantengan actualizado.

Centrándonos en la determinación y valoración de los bienes, cada parte, a requerimiento del juez, debe presentar el 'Formulario E' (*Form E*), que contiene diferentes apartados atendiendo a las distintas categorías de bienes. Las partes deben completar el formulario a efecto de dar valoración a cada uno de los bienes y, en caso de desconocer

---

54   *Minton v Minton* [1978] UKHL J1123-3.
55   *Charman v Charman* [2007] 1 FLR 1237.

el valor exacto de alguno, es suficiente con hacer constar el valor estimado. En concreto, las partes deben especificar una relación de todos sus bienes y derechos, ya hubiesen sido adquiridos con anterioridad al matrimonio, ya durante su vigencia, o incluso los que tuvieran previsto adquirir en un futuro (herencias, pensiones, bonos, etc.). El formulario también requiere que se proporcionen ciertos documentos (por ejemplo, extractos bancarios) a partir de los cuales se puedan establecer los valores de ciertos activos, y que se fijen las necesidades de los esposos e hijos. La cumplimentación del formulario se enmarca en la existencia en el Derecho inglés de un estricto deber de información por parte de los cónyuges sobre sus bienes, derechos o expectativas de derecho, deber cuyo incumplimiento puede acarrear sanciones, incluso de carácter penal; los cónyuges tienen la obligación de desvelar de una manera completa y cierta su patrimonio, facilitando a tal efecto detalles completos de todas sus finanzas, incluidos capital, rentas y pensiones (*financial disclosure*).

Una vez se hayan intercambiado los formularios, cada parte tiene la oportunidad de hacer preguntas por escrito a la otra a través de un documento denominado *questionnaire*. El juez determinará qué preguntas deben responderse y qué documentos adicionales deben, en su caso, proporcionarse. Si hubiese alguna disputa sobre la existencia de bienes, ésta puede ser resuelta por el juez después de tomar declaración a cada una de las partes. El testimonio oral de las partes puede ser impugnado por la contraria, pudiendo repreguntar a su vez a la otra. Y si los cónyuges discrepan sobre la existencia o valoración de los bienes, decidirá el juez, pudiendo designar en este último caso un tasador experto (*expert appraiser*) para que sea quien finalmente decida.

Para calcular el total de los bienes existentes en el matrimonio (*net asset*), el tribunal deberá realizar una distición entre los *liquid assets* (p. ej., cuentas bancarias o acciones fácilmente vendibles) y los *illiquid assets* (p. ej., acciones en compañías privadas o pensiones). A tal fin, además de exponer su patrimonio, cada una de las partes se encuentra obligada a facilitar al juez el detalle de su pasivo: los pasivos típicos suelen incluir, por ejemplo, deudas de tarjetas de crédito u obligaciones de pago de impuestos. En definitiva, esto también significa que, cuando el juez considera el valor de un activo en particular, tendrá en cuenta su valor neto, por lo que, del valor bruto, el juez deducirá cualquier préstamo garantizado contra el activo, los costes en los que se incurriría para realizar el activo, y cualquier impuesto que hubiera de abonarse si el activo se realizara[56]. El

---

56 Por ejemplo, en relación a los costes de venta de bienes inmuebles en el Reino Unido, normalmente el tribunal

juez debe considerar las dos categorías de bienes, líquidos e ilíquidos, de manera separada, debiendo realizar entre las partes un reparto equilibrado y justo (*a fair share*) de ambos tipos de bienes[57].

Una vez que se ha producido la fijación y la valoración de los bienes sujetos al matrimonio, vamos a tratar acto seguido sobre los principios que rigen en el Derecho inglés, y que deben ser tenido en consideración por el juez, a la hora de llevar a cabo el reparto de los referidos bienes entre los cónyuges.

V. EL '*SHARING PRINCIPLE*' Y EL '*PRINCIPLE OF NEED*'

1. El origen y justificación de ambos principios

Habiéndose fijado la existencia y el valor de los bienes del matrimonio, debe acometerse la compleja y delicada tarea de cómo debe realizarse la distribución entre las partes (*distribution stage*). Al respecto, los dos *leading cases* en los que se establecieron los principios más relevantes que han de ser tenidos en cuenta por los jueces

---

asume que es el 3% del valor bruto del activo, a menos que en el caso concreto exista una 'evidencia específica' de que se deba deducir una cantidad diferente.

57   *Wells v Wells [2002] EWCA Civ 47.*

ingleses para la distribución de los bienes, atendiendo a previas peticiones de *ancillary financial relief*, fueron los casos *White v White* y, en particular, en *Miller v Miller*[58].

En el caso *White*, el tribunal enfatizó que el objetivo final debía ser el lograr un resultado que fuera 'justo' y, además, como una gran novedad en su momento, señaló que la 'equidad' implicaba que no se debía producir discriminación entre una persona que contribuyese a un matrimonio aportando dinero y otra que contribuyese adoptando el papel de ama de casa; se debe considerar que ambas partes han realizado igual contribución de cara a la sociedad matrimonial (*"there should be no discrimination between the contributions made by a husband and wife in their respective roles"*). Se mantuvo en dicha sentencia que en todos los casos, el tribunal debe tratar de alcanzar un resultado justo partiendo del criterio de igualdad (*the yardstick of equality of division*), y que deberían existir fundadas razones para que, en su caso, el tribunal se apartase de dicho criterio[59].

---

58   *White v White* [2001] 1 AC 596 y *Miller v Miller* [2006] 2 AC 618, respectivamente.

59   Para B. Braat, la decisión de *The House of Lords* en el caso *White v White* "*already gave rise to claims that England and Wales have in practice adopted a system of deferred community of property. Indeed, there is a*

Por su parte, en el relevante caso *Miller*, el tribunal señaló tres principios fundamentales que justifican dictar una orden que conlleve la redistribución de activos de una parte a la otra[60]. Esos principios son los de participación —o reparto— (*sharing principle*), de necesidad (*principle of need*) y de compensación (*compensation principle*). Los tres principios deben ser aplicados a la vista de la entidad y naturaleza de todos los recursos del matrimonio. Sin embargo, lo cierto es que, a raíz del caso *Miller,* los tribunales ingleses han limitado en la práctica el ámbito de apli-

---

separate property of spouses during marriage, followed by a requirement to measure the division of the parties' assets on divorce against a yardstick of equality" ("Matrimonial property Law: diversity of forms, equivalence in substance", *op. cit.*, p. 243). Por su parte, en el caso *Charman v Charman* (2007) 2 FLR1 237 se estableció que, cuando una de las partes ha realizado una aportación de activos para la generación de la *matrimonial property* que pueda ser considerada como 'excepcional', nos encontramos ante un supuesto en el que puede concurrir un motivo justificado para que pueda proceder una excepción a la regla de 'igualdad de reparto', principio que, como hemos indicado, había sido establecido como criterio de carácter general de distribución de bienes en el caso *White*. Un estudio de la sentencia *Charman* puede verse en M. Welstead y S. Edwards, *Family Law, op. cit.*, pp. 184-186.

60   Un completo comentario sobre la sentencia *Miller* puede verse en M. Welstead y S. Edwards, *Family Law, op. cit.*, pp. 181-184.

cación del principio de compensación[61] y, por
lo tanto, la gran mayoría de los casos que llegan
a los tribunales se resuelven de acuerdo con los
principios de participación y de necesidad, principios que pasamos a analizar a continuación[62].

2. El *sharing principle*

El principio de participación o reparto (*sharing
principle*) parte del hecho de que el juez debe
tomar en consideración todos los bienes y recursos financieros de las partes. En principio, la regla

---

61   En atención al *compensation principle* se han de tener
      en cuentas las 'desventajas económicas' que sufre una
      parte del matrimonio por haber realizado sacrificios
      personales en aras a la familia, como, por ejemplo, la
      renuncia de uno de los cónyuges a su carrera profe-
      sional. En estos casos se entiende que el principio de
      compensación constituye un remedio para alcanzar un
      resultado justo, adquiriendo aquí especial relevancia
      los años de duración del matrimonio.

62   La jurisprudencia mantiene al respecto que el *compen-
      sation principle* es difícil de probar y de aplicar y, en
      la práctica, puede fácilmente subsumirse dentro de la
      consideración por parte del tribunal de los principios
      de participación y necesidad si estos son interpretados
      de una manera amplia y flexible (*vid. RP v RP* [2006]
      EWHC 3409 (Fam), [2007] 1 FLR 2105,; *McFarlane
      v McFarlane* [2009] EWHC 891 (Fam), [2009] 2 FLR
      1322; *Hvorostovsky v Hvorostovsky* [2009] EWCA Civ
      791; *SA v PA (Pre-Marital Agreement: Compensation)*
      [2014] EWHC 392 —Fam—).

general es que los bienes personales dentro del patrimonio matrimonial deben dividirse en partes iguales en caso de divorcio. Este principio implica la división por parte iguales entre los cónyuges de la propiedad matrimonial, con independencia de quién sea su titular o de quien haya sido la parte que ha generado los ingresos para su adquisición, incluyéndose tanto la *matrimonial property* generada durante el matrimonio, como, también en determinadas circunstancias, la *non-matrimonial property* (*infra*)[63].

Por ello, adquiere destacada importancia en esta fase del procedimiento la distinción entre la *matrimonial property* y la *non-matrimonial property,* debiéndose identificar, en la medida de lo posible, la pertenencia de cada bien a uno u otro tipo de propiedad.

La *matrimonial property* comprende aquellos bienes adquiridos durante el matrimonio mediante los esfuerzos de una o de ambas partes[64], si bien ha de tenerse en cuenta que el domicilio conyugal

---

63   En el mismo sentido se suele hacer referencia a los *matrimonial assets* y los *non-matrimonial assets*.

64   A estos efectos, la opinión dominante en la jurisprudencia es que no se debe hacer distinción entre los años de cohabitación prematrimonial ininterrumpida y los años de matrimonio (*vid*. *GW v RW (Financial Provision – Department from Equality)* [2003] EWHC 611 —Fam—, [2003] 2 FLR 108, Mostyn J; *M v M (Financial Relief – Substantial Earning Capacity)* [2004] EWHC

adquirido durante el matrimonio, cualquier que hubiera sido el origen o fuente de la adquisición, constituye una categoría especial incluida en la *matrimonial property*[65]. Al aplicar el *sharing principle*, los bienes matrimoniales suelen dividirse por igual entre las partes, pero esto no se trata en todo caso de una regla invariable: por ejemplo, si la vivienda conyugal era propiedad de una de las partes, puede tratarse de una razón suficiente que pueda justificar una división desigual[66].

Por su parte, la *non-matrimonial property* se suele dividir en tres categorías de bienes: a) los bienes adquiridos por alguno de los cónyuges antes del comienzo del matrimonio; b) los obtenidos

---

688 —Fam—, [2004] 2 FLR 236, Baron J; *Miller* at [149] per Baroness Hale).

65   *Vid. Miller,* at [22]-[25] per Lord Nicholls y *Charman v Charman.*

66   *K v L (Ancillary Relief: Inherited Wealth)* [2011] EWCA Civ 550. Tratándose de una vivienda familiar adquirida formalmente por uno solo de los cónyuges, el Derecho inglés, dentro de este tratamiento especial concedido a dicha vivienda, reconoce al otro cónyuge el derecho a reclamar una parte de esa propiedad en razón de su contribución, 'directa o indirecta', a dicha adquisición, entendiéndose en tal caso la existencia de un *constructive trust* sobre la vivienda (*vid.* C. Hamilton "England and Wales", en C. Hamilton y A. Perry, *Family Law in Europe, op. cit.*, p. 122 y V. Martorell García, "Estatuto personal de los británicos y su régimen matrimonial y sucesorio en la práctica notarial española", *op. cit.*, pp. 5-6).

durante el matrimonio por uno de ellos a través de donación o herencia y, c) los adquiridos después de que los esposos se hayan separado. Aunque, en teoría, el *sharing principle* se puede aplicar a los bienes no matrimoniales, no constan casos en la jurisprudencia en los que un bien no matrimonial haya sido distribuido a la otra parte, o incluso compartido, sobre la base de tal principio[67].

La diferenciación entre bienes matrimoniales y no matrimoniales no siempre resulta sencilla. En los casos en los que se muestra difícil la distición entre los dos tipos de bienes, los tribunales ingleses han adoptado diferentes enfoques en aras a la búsqueda de un resultado lo más justo posible. Hay casos en los que una de las partes posee bienes propios considerables al comienzo del matrimonio pero que a través de los años pueden confundirse con otros bienes matrimoniales; así, por ejemplo, la adquisición de un bien con

---

67   Este extremo fue especialmente destacado en el caso *K v L (Ancillary Relief: Inherited Wealth)* [2011] EWCA Civ 550 y también por el *Privy Council* en *Scatliffe v Scatliffe* [2016] UKPC 36. De hecho, La posibilidad de que un tribunal inglés sostenga que un bien no matrimonial debe ser 'compartido' al margen del principio de necesidad (*principle of need*) se considera tan improbable que, el célebre Mr. *Justice Mostyn*, se refirió a tal eventualidad como algo similar a la posibilidad de encontrarse con un leopardo blanco (*JL v SL* [2015] EWHC 360 —Fam—).

fondos que son una mezcla de bienes matrimoniales y no matrimoniales. En tales casos, el juez
puede realizar una evaluación en la medida en
que el conjunto de activos resulte un fiel reflejo
del esfuerzo tanto matrimonial como no matrimonial, pudiéndose apreciar aquí de nuevo la
cierta discrecionalidad con la que los jueces pueden moverse en este terreno[68].

Como hemos señalado, los bienes heredados
por uno de los cónyuges son un tipo de propiedad no matrimonial. Dichos activos generalmente serán retenidos por la parte que los heredó a
menos que se justifique un resultado diferente
sobre la base del *principle of need* (*infra*). La jurisprudencia ha destacado que la importancia de
un activo heredado, que ha sido calificado como
non-matrimonial, puede llegar a disminuir con el
transcurso del tiempo; en concreto, se hace referencia a tres posibles escenarios en los que tal
circunstancia podría acontecer[69].

---

68   Este enfoque fue precisamente el adoptado en el céle-
      bre caso de *Hart v Hart* [2017] EWCA Civ 1306. Como
      indica al respecto C. Hamilton *"(…) when de divorce
      court has wide discretionary powers to distribute and
      allocate property irrespective of strict property rights"*
      ("England and Wales", en C. Hamilton y A. Perry, *Fami-
      ly Law in Europe, op. cit.*, p.105).
69   Es de destacar de nuevo al respecto la importante senten-
      cia dictada por *Lord Justice Wilson* en el caso *K v L (An-
      cillary Relief: Inherited Wealth)* [2011] EWCA Civ 550.

a.   En el caso de que, a lo largo del tiempo, se hubiesen adquirido bienes matrimoniales de tal valor que disminuyesen la importancia de la contribución inicial de uno de los cónyuges por medio de bienes no matrimoniales[70].

b.   Si, con el devenir de los años, los bienes no matrimoniales aportados inicialmente se hubiesen mezclado con bienes matrimoniales en circunstancias en las que pudiera decirse que el aportante hubiese aceptado que deben ser tratados como bienes matrimoniales o en las que, en todo caso, la tarea de identificar su valor actual resultase demasiado compleja.

c.   Por último, en el caso de que el aportante de bienes no matrimoniales hubiese optado por invertirlos en la compra de una

---

70   En el caso *Robson v Robson* [2010] EWCA Civ 1171, el tribunal destacó que existen diferentes tipos de propiedad heredada y que la riqueza heredada forma parte de los bienes y recursos económicos que posee un cónyuge por lo que aquélla debe ser tenida en cuenta en el marco de la *Section 25 (2) a) Matrimonial Causes Act 1973*. El hecho de que la riqueza se herede y no sea generada (*'is inherited and not earned'*) justificaría que su tratamiento fuese distinto. Así, se afirmó, por ejemplo, que una reliquia de gran valor que se pretende conservar en especie tiene un carácter diferente al de una cartera de acciones y participaciones heredada.

vivienda conyugal que, aunque adquirida en su nombre exclusivo, hubiese llegado con el tiempo —como cabría esperar en la mayoría de los casos— a ser tratada por las partes como el elemento central (*central item*) de los bienes conyugales.

En definitiva, es probable que en determinadas circunstancias puedan existir motivos justificados para que el *sharing principle* ceda en su estricta aplicación y, atendiendo a ello, puedan resultar afectados en el reparto bienes en principio calificados como de no matrimoniales. Así, en ciertos supuestos se estima que el cónyuge que heredó un determinado bien se encontrará sometido a la eventual aplicación del *principle of need;* en principio una parte del matrimonio no tiene derecho a recibir una porción de los ingresos futuros de la otra parte, considerada *non-matrimonial property*, pero ello acontece a menos que lo contrario pueda justificarse atendiendo al significado y filosofía ínsito en el reiterado principio de necesidad[71]. Y he aquí una de las diferencias fundamentales del sistema inglés frente al nuestro, que como veremos tiene sus importantes consecuencias.

---

71   Esta especial afectación de bienes inicialmente no matrimoniales quedó claramente evidenciada en el caso de *Waggott v Waggott* [2018] EWCA Civ 727.

3. El *principle of need*

En la mayoría de los casos que llegan ante los tribunales los bienes suelen ser de escaso o medio valor, y el resultado normalmente se determina de acuerdo con el principio de necesidad, el cual busca la satisfacción de las necesidades nacidas a raíz del divorcio. No hay un estándar fijo de lo que ha de entenderse por necesidades, se trata de un principio que ha sido descrito por la jurisprudencia como un 'concepto elástico'[72]. No obstante, a la hora de evaluar las necesidades de una de las partes de cara a la adopción de una eventual *financial order*, el juez deberá de tener en cuenta una serie de factores. Los más destacados son los siguientes: la necesidad de mantener un hogar, especialmente en los casos de existencia de hijos menores de edad; la necesidad de financiar los gastos regulares; los recursos e ingresos disponibles; el nivel de vida habido durante los años de matrimonio[73]; la propia duración

---

72   Ello es recogido, en particular, en el caso *SS v NS (Spousal Maintenance)* [2014] EWHC 4183 (Fam), [2015] 2 FLR 1124.

73   No debe olvidarse que, en la mayoría de los casos, se requerirá que ambas partes realicen un ajuste de su nivel de vida en relación al que disfrutaron durante los años de matrimonio, teniéndose en cuenta a tal efecto el ya mencionado *clean break principle* (*Section 25A Matrimonial Causes Act 1973*).

del matrimonio[74]; las obligaciones económicas de las partes y, finalmente, las edades que tengan los cónyuges.

La jurisprudencia ha fijado cuáles son las circunstancias que el juez debe de tener en cuenta a la hora de dictar una *financial order* en virtud de la cual, y atendiendo al principio de necesidad, se obligue a una parte a realizar pagos periódicos a la otra, y ello, apartándose de la regla general, con cargo a bienes propios del primero (*non-matrimonial property*). En concreto, los criterios que se deben de tener en consideración a tal fin serían los siguientes[75]:

a)   Una concesión de pensión conyugal es correcta cuando la evidencia muestra que las decisiones adoptadas durante el matrimonio han generado necesidades futuras

---

74   En el caso *E v L [2021] EWFC 60 Justice Mostyn* estableció dos principios fundamentales de gran importancia para los procedimientos de reparación financiera relacionados con matrimonios de duración breve y sin hijos: a) por un lado, que el hecho de que las partes tengan o no hijos no afecta el nivel de compromiso entre ellos y justifica una desviación del principio de reparto equitativo y, por otro, b) que la duración de un matrimonio no afecta al principio de reparto, esto es, los tribunales no deben distinguir entre un incremento de bienes durante un período corto o una acumulación durante un período más largo.

75   *SS v NS (Spousal Maintenance)* [2014] EWHC 4183 (Fam), par. 46.

difíciles para la reclamante. En este caso la duración del matrimonio y la presencia de hijos menores son factores que se consideran relevantes.

b) La adjudicación de una pensión a favor de uno de los cónyuges, en principio, únicamente debe realizarse en atención al principio de necesidad, pero en casos excepcionales puede tomarse en consideración el principio de reparto o compensación.

c) Cuando las necesidades en cuestión no estén causalmente relacionadas con el matrimonio, la adjudicación generalmente debe estar dirigida a aliviar dificultades constatadas.

d) En todo caso, el tribunal debe considerar la finalización de la eventual pensión alimenticia con transición a la independencia tan pronto como sea justo y razonable. En tal sentido se debe considerar el establecimiento de un plazo, a menos que la parte beneficiaria no pueda ajustarse sin dificultades excesivas una vez concluya el periodo fijado. Siempre que no concurra un comportamiento negligente, se puede admitir cierto grado de dificultad en el proceso de la transición hacia la independencia económica.

e) El nivel de vida desarrollado por el matrimonio tiene relevancia a efectos de la
cuantía de la posible pensión alimenticia,
pero no ha de considerarse en cualquier
caso como determinante. Ese estándar de
vida debe valorarse cuidadosamente frente al objetivo deseado de una eventual independencia financiera.

f) Finalmente, la tarea principal del juez no
es simplemente examinar las partidas in-
dividuales en los ingresos del demandante, sino también considerar el total global
y valorar si ello representa una proporción
justa de los ingresos disponibles del demandado que, atendiendo al principio de
necesidad, debería destinarse al mantenimiento del reclamante.

En conclusión, a través del *principle of need*,
y mediante el juego por parte del tribunal de los
criterios que han sido expuestos, se debe tratar de
alcanzar un resultado que sea justo a la vista de
las circunstancias del caso y, a través del cual, se
cubran las necesidades de las partes de manera
razonable y equitativa, y siempre teniendo presente por encima de cualquier otra consideración
las necesidades de los posibles hijos.

VI. EL DERECHO INGLÉS Y LOS EFECTOS ECONÓMICOS DEL MATRIMONIO EN EL ÁMBITO DE LOS LITIGIOS INTERNACIONALES

Vamos a abordar en el presente epígrafe los diversos efectos y consecuencias que, a nivel internacional, puede desplegar el sistema de liquidación de bienes del matrimonio previsto en el Derecho inglés en caso de divorcio. Para ello vamos a destacar los fenómenos que conducen al relevante papel de Londres como capital mundial actual de los grandes divorcios internacionales; las incidencias que se pueden producir en la interrelación entre los modelos de *civil law* y del Derecho inglés; y cómo se determina la Ley aplicable a los efectos económicos del matrimonio en el ordenamiento inglés, destacando la importancia del concepto de *domicile* al efecto así como el hecho de la preferencia de los jueces ingleses a favor de la aplicación de la *lex fori*. Y, a modo de cierre, expondremos un hipotético supuesto internacional, a través del cual podremos constatar la relevancia que el juego del Derecho inglés puede tener en la práctica en relación a los efectos económicos que se pueden producir como consecuencia de un divorcio internacional en el que concurran una destacada presencia de elementos, especialmente de carácter personal, conectados con tal ordenamiento, pero también otros vinculados con el foro español.

1. Londres como capital mundial de los grandes divorcios: *forum shopping* y *rush to the courts*

Hemos de destacar en primer término como una realidad el hecho de que el foro londinense resulte ciertamente atractivo para determinados cónyuges de cara a la litigación en materia de divorcios internacionales. Sin duda, una razón inicial de peso para ello la encontramos en la cierta discrecionalidad de la que gozan los jueces ingleses a la hora de dictar las *financial orders* dentro del marco de la *Matrimonial Causes Act 1973* y del procedimiento de *ancillary relief*[76]. En efecto, debemos reiterar la gran autonomía que tiene el juez en el Derecho inglés a la hora de determinar el reparto de los bienes entre los cónyuges y ello, en la práctica, puede dar lugar a que resulte difícil predecir de antemano el resultado de un procedimiento de divorcio[77]. Como al respecto

---

76   Como señala B. Braat, *"marriage affects property rights by subjecting them potentially to the court's discretionary jurisdiction on divorce"* ("Matrimonial property Law: diversity of forms, equivalence in substance", *op. cit.*, p. 240).

77   Ya hemos tenido ocasión de tratar sobre la existencia de dicha relativa discrecionalidad judicial en materia de liquidación de los efectos económicos del matrimonio al decidirse las peticiones de *ancillary relief* en función de una serie de circunstancias que, en cierta manera, son 'manejables' por los jueces, y que se encuentran presentes en la aplicación de los principios de *sharing,*

se indicó por el Reino Unido en la respuesta a la consulta pública *European Commission Proposed Regulations on Matrimonial Property Regimes and the Property Consequences of Registered Partnerships: "Courts in these jurisdictions have wide distributive discretion when considering ancillary relief which arises on divorce or dissolution of a civil partnership"*[78].

Al margen de la cuestión de la discrecionalidad, hay que considerar también que los jueces británicos aplicarán sus propias normas internas (*lex fori*) para determinar la ley aplicable al fondo del litigio (*lex causae*), lo cual, como veremos, dará lugar a que en estos casos terminen aplicando el Derecho inglés, esto es, las disposiciones analizadas de la *Matrimonial Causes Act 1973*[79]. Como indican al

---

*need y compe*nsation. Como indican M. Welstead y S. Edwards *"All spousal applications for ancillary relief (…), gives very wide powers to the court to deal with the parties' resources, and reallocate them as it thinks fit"* (*Family Law, op. cit.*, p. 171).

78 *Public Consultation* CP-R-8/2001, de 28 de noviembre de 2011, para. 4. Por su parte, M. Welstead y S. Edwards critican esta situación exponiendo al efecto: *"primarily for its lack of an overall objective, its discretionary nature, and its unpredictability, which may lead to high legal costs and perceptions of unfairness"* (*Family Law, loc. cit.*).

79 La regla general en el Derecho inglés establece que cuando los tribunales ingleses tienen jurisdicción para conocer de un divorcio internacional, aplicarán el De-

respecto A. Barlow y Nigel Lowe: *"What is unique to the UK, and most marked in England and Wales, is that the courts in redistributing assets can look at the family's global financial situation, taking the needs of the parties as well as income into consideration, in addition to non-financial contributions to the welfare of the family, property, including the matrimonial home, and other assets, all of which gives the court considerable flexibility"*. Y, en tal sentido, remarcan los citados autores en relación al foro londinense: *"More cynically, with London often stated to be the 'divorce capital of the world', such flexibility encourages particularly weaker economic spouses in 'big money cases' to issue proceedings there"*[80].

En atención a estas circunstancias el fenómeno del *forum shopping* operaría de una manera evidente, constituyendo ésta una clásica técnica en el ámbito de la litigación internacional consistente en presentar el litigio por la parte demandante ante las autoridades judiciales de un Estado determinado —en nuestro caso, ante los tribunales ingleses— sabedora de antemano

---

recho inglés tanto al divorcio como a las consecuencias financieras derivadas del mismo (Cheshire, North & Fawcett, *Private international Law, op. cit.*, pp. 1378-1379).

80   "The effects of EU Law on Family Law in England and Wales", en *The interaction between Family Law, Succession Law and Private international Law, op. cit.*, p. 110.

que su sistema de Derecho internacional privado le favorecerá en orden a determinar el derecho nacional aplicable al fondo del asunto, derecho que, lógicamente, beneficiará más a sus intereses[81]. Y además, como cuestión previa, ha de destacarse que resulta relativamente sencillo obtener la competencia de los tribunales ingleses para el conocimiento de estos llamativos litigios dado que bastaría con que uno de los cónyuges tuviese su *domicile* en territorio inglés para hacer competentes a sus tribunales[82]. Es decir, a falta de

---

81   El caso *Z v Z* [2011] EWHC 2878 (Fam) versó en relación a un régimen de «separación de bienes» francés pactado por los cónyuges, según el cual en Francia la esposa hubiera recibido el 15% del haber conyugal, mientras que ante los tribunales ingleses obtuvo un 40%. Y en este caso, si no hubiera sido porque los esposos firmaron un pacto sobre el régimen económico matrimonial, la esposa hubiera recibido, casi con total seguridad, el 50% del haber conyugal. En el presente supuesto el patrimonio matrimonial era muy alto, permitiendo la asignación de 40% de los bienes que la esposa tuviese más que suficiente para vivir manteniendo un alto nivel de vida.

82   Como destaca M. Checa Martínez, la legislación inglesa (*EU Exit Regulations*) ha importado con modificaciones el artículo 3 del Reglamento 2021/2003 (Bruselas II bis) en la *Domicile and Matrimonial Proceedings Act* 1973, ampliando la jurisdicción de los tribunales ingleses también para los casos en que "*either of the parties to the marriage is domiciled in England and Wales*" ("Cónyuge y Derecho internacional privado de familia y sucesiones: opciones de planificación y protección patrimonial en perspectiva comparada", *op. cit.*, p. 199).

otros criterios de conexión, bastaría con que la parte interesada en litigar en Londres estableciera en tal territorio un *domicile of choice* para entenderla conectada con dicho foro.

Paralelamente tiene también su importancia la llamada carrera hacia los tribunales (*rush to the courts*), que se produce cuando las partes enfrentadas se afanan en lograr que el país de su preferencia para litigar —en este caso el Reino Unido y, en particular, los tribunales de Londres— sea el primero ante el que se presente la demanda para que así pase a ser considerado como 'Estado del foro'. De esta manera se logra atraer hacia dicho foro a la otra parte, que, por efecto de la eventual situación de litispendencia internacional, ser vería abocada a litigar ante dichos tribunales. Detrás de este fenómeno se encuentran diversos posibles motivos: el conocimiento de su ordenamiento jurídico, la lengua del proceso, la confianza en sus operadores jurídicos o, incluso, la predisposición psicológica que pueda tener la autoridad del Estado del foro a fin de tender a favorecer a determinada parte, la considerada parte débil.

La referida preferencia por el foro londinense por parte de las esposas más débiles económicamente ha sido ya constatada con la presentación ante sus tribunales, en particular, ante la *Family División* de la *High Court of Justice*, de importantes demandas afectantes a divorcios donde se encuentran presentes importantes intereses financieros, esto es, los denominados *big money cases*[83]. Y a ello también va a favorecer, sin duda, el hecho de que el 6 de abril de 2022 entrara en vigor la *Divorce, Dissolution and Separation Act 2020,* norma que, como ya señalamos, ha introducido un sistema de *no-fault divorce* (divorcio descausalizado) en el Derecho inglés y, por lo tanto, favorece que el debate central dentro del proceso se pueda focalizar en el aspecto puramente económico[84].

2. Las complejas relaciones entre los sistemas de *civil law* y el Derecho inglés

a) La primacía del foro inglés a la hora de determinar la Ley aplicable

En el Derecho inglés, dentro de su peculiar idiosincrasia, las capitulaciones matrimoniales

---

83   De hecho, los casos con una dimensión internacional o particularmente complejos suelen ser competencia de la *High Court of Justice*. Así, casos célebres como *Villiers, Berezovsky, Chai, Akhmedov, Abramovich, Radmacher* o *Hohn*, entre otros muchos, han hecho que la *High Court of Justice* de Londres y el *Supreme Court of the United Kingdom* hayan alcanzado notoriedad en la resolución de estos supuestos en los que la liquidación del sustancioso patrimonio familiar resultaba cuestión nuclear, habiendo afianzado su prestigio para la resolución de este tipo de asuntos.

84   *Vid*. nota 9.

otorgadas al amparo de ordenamientos de *civil law* tienen eficacia dudosa, pues, como hemos apuntado, el juez inglés aplicará al divorcio y a sus efectos la *lex fori* —esto es, la ley inglesa— y, en principio, no se sentirá vinculado por lo dispuesto en una eventual capitulación matrimonial otorgada en el extranjero[85]. Conviene recordar que lo concertado por los cónyuges mediante capitulaciones matrimoniales en el Derecho español suele limitarse al establecimiento de un determinado régimen económico matrimonial, normalmente un régimen de separación de bienes, y ello dado el limitado ámbito de que gozan las capitulaciones a tenor del contenido de los artículos 1315 y 1325 del Código civil. Sin embargo, es un hecho cierto que cada día viene siendo algo más normal la

---

[85]   Pero algo está cambiando, según vimos en el caso *Z v Z* [2011] EWHC 2878 (Fam), donde se conceden ciertos efectos a unas capitulaciones otorgadas en Francia por un matrimonio francés de muy alto poder económico y, a tenor de las cuales, la esposa hubiera recibido en Francia el 15% del haber conyugal, mientras que el tribunal inglés le concedió el 40% y, con toda seguridad, de no ser por la firma de las capitulaciones, hubiera recibido el 50% del haber conyugal. Sin embargo, de tratarse de asunto más modesto, es muy dudoso que el hecho de que el matrimonio hubiera firmado unas capitulaciones en el extranjero fijando su régimen económico matrimonial hubiera tenido efecto alguno en las medidas definitivas (*vid*. S.L. Cooper y D. Carrillo Martín, "To be or not to be. La existencia o no de regímenes matrimoniales en Inglaterra y Gales", *op. cit.*, p. 2).

firma de convenios reguladores prenupciales en España y, si bien estos acuerdos no vienen expresamente regulados en nuestro ordenamiento jurídico, no cabe duda de que tienen plena validez y eficacia si se encuentran amparados en la autonomía de la voluntad (art. 1255 del Código civil) y dentro de la posibilidad que tienen los cónyuges de celebrar entre sí toda clase de contratos (art. 1323 del Código civil)[86].

¿Y qué decir respecto de la eficacia en el Derecho inglés de las resoluciones judiciales extranjeras que han sido dictadas en materia de división del patrimonio matrimonial? Pues el panorama es bastante similar al de las capitulaciones matrimoniales. En efecto, en el caso de que un tribunal extranjero hubiese dictado una resolución sobre materia asimilable a las afectadas por el *ancillary relief*, cualquiera de las partes podría instar a la *Family División* de la *High Court of Justice* (o, en algún caso, ante un *County Court*) un procedimiento para la obtención de una *financial relief*

---

86   Sobre la creciente eficacia de un *prenuptial agreement* en nuestro sistema *vid*. la reciente sentencia del Tribunal Supremo de 13 de marzo de 2023 (ECLI:ES:TS:2023:879). En la misma se declara la validez de las cláusulas reguladoras de una posible pensión por desequilibrio y una compensación por el trabajo para la casa y, sin embargo, por distintos motivos de peso, se declara la invalidez sobre lo acordado en el pacto prematrimonial en relación a los alimentos de un menor.

como si el divorcio hubiese sido obtenido en Inglaterra o Gales. Para que ello proceda el tribunal inglés: primero, debe declarar que el divorcio
obtenido en el extranjero se considera válido en
Inglaterra y que la parte solicitante de la *financial relief* no ha vuelto a contraer matrimonio; en
segundo lugar, debe proceder a autorizar la tramitación de tal solicitud; en tercer término, debe
controlar que procedería que un tribunal inglés
pudiese dictar la orden relativa a la *financial relief*
y; finalmente, sería necesario que el tribunal en
cuestión tuviese competencia para conocer del
procedimiento. En estos términos, la autorización
podrá concederse a pesar de que ya se hubiera
dictado una *financial order* a favor de la parte pe-
ticionaria en el procedimiento tramitado en el extranjero. Sin embargo, como estas disposiciones
se introdujeron para evitar dificultades cuando
una jurisdicción extranjera no haya proporciona-
do una *financial relief* adecuado de acuerdo con
los principios ingleses, y no simplemente para
revisar o corregir una orden emitida por un tribunal extranjero competente, no siempre es seguro
que se vaya a conceder la autorización para la
obtención de una nueva *financial relief*, esta vez
desde el marco del foro inglés[87]. Como podemos

---

87   *Vid.* C. Hamilton, "England and Wales", en *Family Law*,
      op. cit., pp. 125-126.

observar, cierto aire de discrecionalidad vuelve a estar presente en el ambiente.

En diferente escenario, si quien conociera del divorcio internacional fuese un tribunal español y debiera aplicar el Derecho inglés (*lex causae*) —en virtud de sus normas de Derecho internacional privado— a lo relativo a las posibles pensiones entre cónyuges, nos encontraríamos con la dificultad por parte del juez español de aplicar unos principios enmarcados en las *financial orders* (sobre la base de los principios de *need, sharing* y *compensation*).Dichos principios son totalmente desconocidos en su foro, y en nada se corresponden a los criterios seguidos en España para la atribución de pensiones compensatorias, ni tampoco se ajustan a los criterios aplicados en territorios de *civil law* en cuanto a la liquidación del régimen económico matrimonial, institución ésta desconocida en el Derecho inglés. Por ello, al respecto apunta acertadamente M. Checa Martínez que, precisamente, el riesgo de falta de aplicación exacta o completa de la *ancillary relief* del sistema inglés, es otro motivo de peso "que potencia el *forum shopping* en favor de los tribunales ingleses en relación con el divorcio y sus efectos", destacando que la aplicación de la *lex fori* inglesa queda salvaguardada incluso en los casos en que ya existe una sentencia extranjera de divorcio que se haya pronunciado sobre los efectos económicos del mismo, de modo que el juez inglés podrá revisar el fondo del asunto a fin de asegurar una correcta aplicación de la ley inglesa, siendo irrelevante la *lex causae* que el juez extranjero haya pretendido aplicar[88].

b) *La complejidad ante el reconocimiento recíproco de resoluciones entre el foro español y el inglés*

Por otro lado, y en el marco que ahora abordamos, se plantea el problema del reconocimiento en países de *civil law* de las sentencias dictadas por los tribunales ingleses en el marco de solicitudes de *ancillary relief*, y ello dado que mediante las *financial orders* no se realizan transmisiones de propiedad entre cónyuges en un sentido estricto, sino que ordenan a uno de los cónyuges a realizar lo necesario para que tenga lugar dicha transmisión[89]. En relación a esta materia, la sentencia del Tribunal de Justicia de la Unión Eu-

---

88   "Cónyuge y Derecho internacional privado de familia y sucesiones: opciones de planificación y protección patrimonial en perspectiva comparada", *op. cit.*, p. 201.

89   Sobre los problemas derivados de la eficacia transfronteriza de resoluciones en este campo *vid.* M. Checa Martínez, "Cónyuge y Derecho internacional privado de familia y sucesiones: opciones de planificación y protección patrimonial en perspectiva comparada", *op. cit.*, p. 200 y L.F. Carrillo Pozo, "Eficacia en España de las resoluciones extranjeras en materia de efectos

ropea de 27 de febrero de 1997 (C-220/95, *Van den Boogard*)[90] ya precisó que una decisión judicial inglesa dictada en materia de *ancillary relief,* cumpliendo ciertos requisitos, podía ser calificada como relativa a '*maintance obligations*' a los efectos de su ejecución a través de los mecanismos del Reglamento (CE) n.º 4/2009 del Consejo, de 18 de diciembre de 2008, relativo a la competencia, la ley aplicable, el reconocimiento y la ejecución de las resoluciones y la cooperación en materia de obligaciones de alimentos[91].

---

económicos del matrimonio", *Cuadernos de Derecho Transnacional*, 2012, vol. 4, n.º 1, pp. 86-121.

90   *DOUE* núm. 7, de 10 de enero de 2009 (ECLI:EU-:C:1997:91).

91   Mantiene al respecto M. Checa Martínez que ello es así "con independencia de si llega a establecerse un *lump sum payment*, un pago periódico o la transferencia de bienes entre cónyuges, siempre que el fundamento de la sentencia haya sido el de proveer en favor del solicitante y si las necesidades y recursos de cada una de las partes fueron tenidas en consideración para fijar su cuantía" ("Cónyuge y Derecho internacional privado de familia y sucesiones: opciones de planificación y protección patrimonial en perspectiva comparada", *op. cit.*, p. 209, con referencia a M. Torga, "Drawing a demarcating line between Spousal maintenance obligations and matrimonial property in the context of the new instruments of european private international Law", en P. Beaumont, *The recovery of maintance in the EU and worldwide*, Hart, Oxford, 2016, pp. 425-442).

Sin embargo, producida la desvinculación del Reino Unido de la Unión Europea tras la consumación del *Brexit*, desgraciadamente dicho instrumento, que tan buenos resultados ha ofrecido, actualmente resulta inaplicable para estos casos. Por ello, a efectos del reconocimiento o ejecución en España de una decisión de un tribunal inglés sobre esta materia, habría que estar a lo dispuesto en nuestra norma interna, esto es, en los artículos 41 y siguiente de la Ley 29/2015, de 30 de julio, de cooperación jurídica internacional en materia civil[92].

Por el contrario, si pretendemos que se reconozca o ejecute en el Reino Unido, en particular, en territorio de Derecho inglés, una resolución dictada por un tribunal español en materia de régimen económico matrimonial, tendremos que atenernos a lo que establezcan las normas internas de dicho país (*enforcement under the com-*

---

92   *BOE* núm. 182, de 31 de julio de 2015. Ha de destacarse que por primera vez en nuestra codificación de fuente interna de Derecho internacional privado, la referida Ley 29/2015 se ha referido expresamente a la figura de la 'adaptación' en distintos ámbitos con la idea de que, si una resolución contiene una medida que es desconocida en el ordenamiento jurídico español, se adapte a una medida conocida que tenga "efectos equivalentes y persiga una finalidad e intereses similares, si bien tal adaptación no tendrá más efectos que los dispuestos en el derecho del Estado de origen" (art. 44.4).

mon law regime), con las dificultades e inseguridades que ello pueda entrañar. Ha de tenerse en cuenta que el Convenio de la Conferencia de La Haya de 30 de junio de 2005 sobre acuerdos de elección de foro[93], del cual son Estados parte tanto España —en su condición de Estado miembro de la Unión Europea— como el Reino Unido, y que en principio pudiera servir de referente para ejecutar estas resoluciones a través del procedimiento previsto en su artículo 8[94], sin embargo, excluye de su ámbito material las cuestiones de Derecho de familia, incluyendo entre ellas las relativas a los regímenes matrimoniales y a otros derechos u obligaciones resultantes del matrimonio o de relaciones similares (art. 2.2, aptdo. C)[95].

---

93   En el *DOUE* núm. 353, de 10 de diciembre de 2014, se publicó la Decisión del Consejo, de 4 de diciembre de 2014, relativa a la aprobación, en nombre de la Unión Europea, del Convenio de La Haya, de 30 de junio de 2005, sobre acuerdos de elección de foro. El convenio tiene un Título III (arts. 8 a 15) dedicado expresamente al "reconocimiento y ejecución" de resoluciones judiciales.

94   El cual, en su apartado primero, dispone que: "Una resolución dictada por un tribunal de un Estado contratante que haya sido designado en un acuerdo exclusivo de elección de foro, será reconocida y ejecutada en los demás Estados contratantes conforme a lo dispuesto en el presente Capítulo".

95   A fecha de hoy, y por distintas razones que no procede abordar ahora, el Reino Unido no es Estado parte del Convenio de Lugano de 30 de octubre de 2007, rela-

Por lo tanto, y ante la ausencia de un tratado bilateral de reconocimiento y ejecución de
sentencias civiles y mercantiles entre España y
el Reino Unido[96], nos veríamos abocados a te-

---

tivo a la competencia judicial, el reconocimiento y la
ejecución de resoluciones judiciales en materia civil y
mercantil; sin embargo, el 12 de enero de 2024, firmó
el Convenio de La Haya de 2 de julio de 2019, sobre el
reconocimiento y la ejecución de sentencias extranjeras
en materia civil y comercial, si bien ha de indicarse que
ambos instrumentos excluyen de su ámbito material los
regímenes matrimoniales y otros derechos u obligaciones resultantes del matrimonio. Sobre la situación
de la no participación hasta la fecha del Reino Unido
en el Convenio de La Haya de 2 de julio de 2019 *vid*.
https://www.gov.uk/government/consultations/hague-
convention-of-2-july-2019-on-the-recognition-and-en-
forcement-of-foreign-judgments-in-civil-or-commer-
cial-matters-hague-2019 y, asimismo, M. Checa Martínez, "Brexit y cooperación judicial internacional en
materia civil entre Gibraltar y los Estados miembros de
la UE: de Bruselas a La Haya", en *El Brexit en la cooperación transfronteriza entre Gibraltar, Campo de Gibraltar y Andalucía*, I. González García (Coord.), Dykinson,
Madrid, 2023, pp. 17-20.

96   Contamos con el viejo convenio relativo a la mutua
asistencia en los procedimientos civiles y comerciales
entre España y la Gran Bretaña, de 27 de junio de 1929
(*Gaceta de Madrid* núm. 100, de 10 de abril de 1930),
pero el ámbito material de este instrumento es el de
la notificación y traslado de documentos judiciales y
extrajudiciales, así como sobre la práctica de ciertas
pruebas, no aplicándose al reconocimiento y ejecución
de sentencias. El Reino Unido sí tiene suscritos algunos
convenios bilaterales sobre la materia con Estados que

ner que acudir al referido sistema tradicional del *common law* relativo al reconocimiento y ejecución de decisiones judiciales extranjeras, cuya regulación se encuentra contenida en el *Civil Procedures Rules 1998 (Part 74)* [97]. Y en el mismo,

---

no son parte del Convenio de La Haya de 30 de junio de 2005, en particular con antiguos países de la órbita de la *Commonwealth* (así, con varios Estados del Caribe, Nueva Zelanda, Australia, India o Israel). Su aplicación se lleva a cabo a través de la *Administration of Justice Act 1920 ("AJA 1920")* y de la *Foreign Judgments (Reciprocal Enforcement) Act 1933 ("FJA 1933")*.

[97]   Uno de los *leading cases* en esta materia fue el célebre caso *Adams v Cape Industries Plc* [1990] Ch. 433, donde, en el marco de un supuesto societario relativo a la personalidad jurídica independiente de las sociedades respecto de los socios y a la doctrina del "levantamiento del velo", se abordaron los requisitos que se debían cumplir para que una sentencia norteamericana pudiera ser ejecutada en el Reino Unido. En general, sobre el reconocimiento y ejecución de sentencias extranjeras en el Reino Unido *vid*. A. Kennedy y A. Moran, "Vizcaya Partners Limited v Picard: Implications for the Recognition and Enforcement of Foreign Judgments at Common Law and Beyond", en *The Common Law Jurisprudence of the Conflict of Laws*, S. Mckibbin y A. Kennedy (ed.), Hart, Londres, 2023, cap.12. Y, en relación al estado de la cuestión tras el *Brexit*, *vid*. M. Kulinska, "Cross-Border Commercial Disputes: Jurisdiction, Recognition and Enforcement of Judgments After Brexit", *Croatian Yearbook of European Law and Policy*, n. 16, 2020, pp. 279-300 y M. Checa Martínez, "Brexit y cooperación judicial internacional en materia civil entre Gibraltar y los Estados miembros de la UE:

entre otros requisitos, se exige: por una parte, que la sentencia extranjera sea firme (*final and conclusive*), esto es, que sea *res iudicata*; por otra, que conste la jurisdicción del tribunal de origen a tenor de las normas de competencia judicial internacional del Derecho inglés y, finalmente, debe tratarse de una resolución que decida sobre el fondo (*a decisión on the merits*). Esto último significa que la resolución debe establecer un conjunto de hechos como probados, así como cuáles son los principios de derecho pertinentes que han sido aplicables, valiéndose de tales hechos y fundamentos jurídicos para alcanzar una conclusión que resulte ajustada a derecho[98].

En definitiva, se trata de un procedimiento mucho más complicado en su tramitación que los derivados de los modernos instrumentos supraestatales, fundamentalmente contenidos en los ya citados Reglamentos de la Unión Europea

---

de Bruselas a La Haya", en *El Brexit en la cooperación transfronteriza entre Gibraltar, Campo de Gibraltar y Andalucía, op. cit.*, pp. 225-261 y, sobre el mismo asunto, A. Haffenden, en el blog Tvedwards, de 14 de agosto de 2013: https://tvedwards.com/news-and-blogs/blogs/enforcing-a-foreign-judgment-in-the-uk/.

98   Para un estudio completo sobre los requisitos para el reconocimiento y ejecución de sentencias extranjeras en Derecho inglés tras el *Brexit, vid.* M. Ahmed, *Brexit and the future of private international Law in English courts*, Oxford University Press, Oxford, 2022, pp. 135-142.

o en determinados Convenios de la Conferencia de La Haya de Derecho internacional privado, en los que la tendencia actual es claramente hacia la automaticidad en relación al reconocimiento y ejecución. Al margen de ello, el procedimiento interno inglés sobre reconocimiento y ejecución de resoluciones judiciales extranjeras resulta significativamente más costoso.

3. La Ley aplicable a los efectos económicos del matrimonio en el Derecho internacional privado inglés

a) *El criterio de conexión: el matrimonial domicile*

Aunque en Derecho inglés se desconozca como tal la institución del régimen económico-matrimonial, sin embargo, sí que existen soluciones conflictuales para determinar la Ley que debe regir los efectos del matrimonio sobre la propiedad de los cónyuges, tanto la *matrimonial property* como la *non-matrimonial property*. Y en el Derecho inglés no se duda que la referida Ley no es otra que la consagrada en la *lex fori,* esto es, la Ley inglesa, sin que ni siquiera los jueces británicos se encuentren obligados a realizar en cada caso un razonamiento sobre los motivos que le impulsan a la aplicación del tal ordenamiento. En efecto, esto es algo que está fuera de toda discusión en el foro inglés, aplicándose la *lex fori* de una manera automática por los tribunales una vez que se han declarado competentes, pues no se concibe la aplicación por parte de un tribunal inglés de un Derecho extranjero en un caso de esta naturaleza que manifieste alguna vinculación con su propio foro[99].

Así, a tenor del Derecho inglés, en principio resultará aplicable a los efectos de la determinación de la propiedad de los bienes del matrimonio la ley del *domicile* del matrimonio (*matrimonial domicile*) posterior a la celebración del matrimonio. Sin embargo, en determinados casos podrá aplicarse el *intended matrimonial domici-*

---

99 Esta fue una de las razones de la no participación en su día del Reino Unido (*opting out*) en el Reglamento 1259/2010, sobre ley aplicable al divorcio o el Reglamento 2016/1103, sobre ley aplicable al régimen económico matrimonial (*supra*), dada la posibilidad de que a través de las conexiones previstas en los mismos se tuvieran que aplicar en el Reino Unido derechos extranjeros, cuando la preferencia por la *lex fori* es indiscutida. Respecto a la aplicación de la solución interna del Derecho inglés, y a los fines de la determinación de la Ley aplicable a los efectos económicos derivados del matrimonio, debe tenerse presente que el Reino Unido no participa en el Protocolo de La Haya de 23 de noviembre de 2007 sobre ley aplicable a las obligaciones de alimentos, el cual nunca ha llegado a ratificar, razón por la cual la determinación de la Ley aplicable en tal materia se llevará a cabo mediante el referido criterio de conexión interno (*lex fori*).

le, esto es, la ley del domicilio al que, tras la celebración del matrimonio, se pretendan trasladar los cónyuges con carácter inmediato y con una clara intención de permanencia, con abandono definitivo del anterior domicilio[100].

b) *La compleja concreción del matrimonial domicile*

En consecuencia, y como ya podemos atisbar, cobrará en este punto una importancia de primer orden el concepto que se tenga del *domicile*, concepto tradicional y propio del Derecho inglés, lleno de complejidades, y sin parangón en los derechos ajenos a tal sistema. Ha de partirse del hecho de que para determinar el *domicile*

---

100 Y, como destaca M. Checa Martínez, en el eventual supuesto de que el matrimonio no llegase a trasladarse al *intended domicile*, se aplicaría la ley del *domicile* del marido en el momento de la celebración del matrimonio —a tenor de la *Re Egerton's Will Trusts*, 1956— en el supuesto de que no existiese un domicilio común en dicho momento ("Cónyuge y Derecho internacional privado de familia y sucesiones: opciones de planificación y protección patrimonial en perspectiva comparada", *op. cit.*, p.194). Sin embargo, en una lectura más moderna y no discriminatoria, Cheshire, North & Fawcett mantienen que en tal caso la ley del *matrimonial domicile* vendría determinada por la ley del país con el cual las partes y el matrimonio tuviesen mayor vinculación (*Private international Law, op. cit.,* p. 1366).

del matrimonio se deben considerar las circunstancias personales de los individuos concerni-
dos por la situación en cuestión —en este caso
los cónyuges— y, en particular, sus intenciones
reales respecto de un territorio concreto. En el
sistema inglés cada individuo debe tener un *domicile* asignado, que se concreta de diferentes
maneras: básicamente el *domicile of origin* (domicilio de origen) y el *domicile of choice* (domicilio de elección)[101]. El primero de ellos se
adquiere por el hecho del nacimiento, normalmente se corresponde con el *domicile* del padre
en tal momento, y se mantiene en el tiempo salvo
que se llegue a adquirir otro *domicile* por elección *(domicile of choice)*. Pero para que pueda
entenderse que exista un *domicile of choice* se
requiere que se produzca una clara desconexión
con el *domicile of origin*, esto es, ha de pasarse
a residir a otro país y ha de mostrarse una diáfa-

---

101 Junto al *domicile of origin* y *domicile of choice* también nos encontramos con el *domicile of dependence*
(domicilio de dependencia) que afecta al *domicile* de
un menor de dieciséis años (o mayor si carece de capacidad mental), y que coincidirá con el *domicile* de los
padres; y si los padres del menor están separados, el
menor adquirirá el *domicile* del progenitor con el que
conviva, y si los progenitores tienen custodia compar-
tida, entonces el menor conservará el *domicile* de su
padre. En todo caso, después de los dieciséis años el
menor puede adquirir un *domicile* independiente.

na intención de establecer en dicho país el lugar de residencia permanente. En definitiva, deberá existir una indubitada voluntad al respecto por parte de los cónyuges, voluntad que deberá manifestarse a través de hechos concluyentes.

Profundizando en este singular concepto, en particular a fin de que una autoridad europea continental pueda captar correctamente la naturaleza de la institución del *domicile*, es igualmente relevante tener presente la experiencia codificadora del Derecho internacional privado en la Unión Europea, pues en la práctica es frecuente que las autoridades de sus Estados se enfrenten a esta institución y, por lo tanto, se requieren parámetros exegéticos claros y precisos. En concreto, resulta interesante acudir al Informe explicativo de la profesora A. Borrás Rodríguez sobre el Convenio de 28 de mayo de 1998 relativo a la competencia, el reconocimiento y la ejecución de decisiones en materia matrimonial[102], que posteriormente desembocó en el Reglamento (CE) 2201/2003 del Consejo, de 27 de noviembre de 2003, relativo a la competencia, el reconocimiento y la ejecución de resoluciones judiciales en materia matrimonial y de responsabilidad parental[103], y este, a su vez, en el actual Reglamento

---

102 *DOCE* C 221 de 16 de julio de 1998.
103 *DOUE* núm. 338, de 23 de diciembre de 2003.

(UE) 2019/1111 del Consejo, de 25 de junio de
2019 relativo a la competencia, el reconocimiento y la ejecución de resoluciones en materia matrimonial y de responsabilidad parental, y sobre
la sustracción internacional de menores[104].

El apartado 34 del Informe de la profesora A.
Borras Rodríguez disponía lo siguiente sobre el
particular: "El objeto esencial del *domicile* es co-
nectar una persona con el país en el que tiene su
casa, de forma permanente o indefinida. Se utiliza para sujetar a esta persona al sistema jurídico
de dicho país para diversos propósitos de amplia
aplicación, relativos principalmente a importantes materias que afectan a las relaciones familiares y a la propiedad familiar. En el Reino Unido,
las disposiciones legales pretenden asegurar que
toda persona tenga en todo momento un domicilio y solamente uno. Para ello, tras existir reglas
para determinar el domicilio de los niños (*domicile of origin*), se contienen reglas para establecer
el domicilio de los adultos (…) en relación a la
adquisición de un nuevo domicilio (*domicile of
choice*)".

En esta misma línea, para el abandono del *domicile* de origen y la opción por la adquisición
de uno nuevo, señala de forma inmemorial la jurisprudencia inglesa que "*a domicile of choice is*

---

104   *DOUE* núm. 178, de 2 de julio de 2019.

acquired where a person voluntarily fixes his sole or chief residence in a new territory and intends to remain there for the rest of his days, unless and until something occurs to make him change his mind"[105]. En concreto, a tenor de la referida jurisprudencia, para constatar la existencia de un efectivo *domicile of choice* habrán de ser valoradas las siguientes circunstancias:

1.º Ha de existir una intención real de residir permanente o indefinidamente en el nuevo territorio, debiendo entenderse por residencia la presencia física; y resulta indiferente el tiempo de duración de ésta en el momento en que sea de apreciar, pues de lo que se trata es de que sea la residencia única y real (*sole or chief residence*)[106].

2.º Debe concurrir una intención de establecerse de manera permanente o indefinidamente en un determinado territorio, debiendo ser tal intención firme y fija, sin que puedan resultar dudas al respecto[107].

3.º Igualmente, se exige la integración efectiva por parte del matrimonio en la nueva socie-

---

105 *Moorhouse v. Lord* (1863) 10 HLC 272 at p. 286.
106 *Plummer v. IRC* [1987] STC 698 y *The Duchess of Portland v IRC* [1982] STC 149.
107 *Clore* (No.2) [1984] STC 609.

dad de acogida, esto es, ha de evitarse el vivir dentro de una isla en el nuevo país[108].

4.º Por otro lado, las meras declaraciones (*statements*) realizadas por una persona en cuanto a su intención son una prueba que puede resultar útil, pero de ninguna manera son concluyentes, ni suficientes de por sí, para la determinación de cuál sea el auténtico *domicile*[109].

5.º Finalmente, el hecho de la tenencia del pasaporte de un concreto país no es prueba concluyente de que su titular tenga la intención de tener su *domicile* en tal país, tratándose de un elemento más a valorar junto a otras evidencias[110].

Para *The Court of Appeal (civil division)*, máximo órgano jurisdiccional civil en Inglaterra y Gales situado por debajo de *The Supreme Court of the United Kingdom* y por encima de la *High Court of Justice*, son muestras que denotan la adquisición de un *domicile of choice* por una persona que tuviera su *domicile of origin* en el Reino Unido las siguientes[111]: a) el hecho de minimizar sus víncu-

---

108   *F v. IRC* [2000] STC (SCD) 1.

109   *Wahl v. AG* (1930) 2417 LT 382, *House of Lords.*

110   *Bheekhun v. Williams* [1992] 2 FLR 229 y *F v. IRC* [2000] STC (SCD) 1.

111   *Cyganik v. Agulian* [2006] EWCA Civ 129.

los con el Reino Unido y, a la vez, incrementar sus vínculos con el nuevo territorio, que deben ser de carácter estrecho; b) el abandono del Reino Unido con una clara finalidad; c) el no mantenimiento de una residencia en el Reino Unido y, si se mantuviese una propiedad inmobiliaria, lo sería, por ejemplo, simplemente a modo de inversión; d) la no voluntad de retorno al Reino Unido en el supuesto de que aconteciesen determinadas circunstancias como, por ejemplo, el fallecimiento del cónyuge, la jubilación o alcanzar cierta edad; e) la integración efectiva en el nuevo país mediante diversas actuaciones, como el incorporarse a clubes u organizaciones sociales, el adquirir y ejercer el derecho al voto en elecciones locales u el obtener el derecho a la residencia permanente o; f) por último, sería una evidencia de peso la adquisición de una vivienda en el nuevo territorio para fijar en ella la residencia del matrimonio.

En definitiva, una vez realizada la compleja tarea de concretar el *domicile* del matrimonio atendiendo a los parámetros señalados, para lo cual a veces se debe afinar mucho, estaríamos en condiciones de determinar la Ley que ha de regular la liquidación de los efectos patrimoniales vinculados al matrimonio. Pues bien, a continuación, y antes de finalizar exponiendo un interesante caso de la práctica de donde puede deducirse la complejidad de cuanto tratamos, vamos a abordar otro aspecto también a tener en cuenta, y que puede tener su trascendencia a la hora de la liquidación de los bienes matrimoniales: nos referimos en concreto al problema que puede surgir como consecuencia de la descoordinación existente actualmente en la Unión Europea entre las normas que regulan la sucesión y las que regulan el régimen económico matrimonial, lo cual puede dar lugar a situaciones sorprendentes por lo injustas que pueden resultar.

4. Un factor desestabilizador desde la perspectiva del foro español: la descoordinación entre los Reglamentos 2016/1103 y 650/2012

a) *Régimen económico matrimonial versus sucesión mortis causa*

La institución del régimen económico del matrimonio disciplinada por el Reglamento (UE) 2016/1103 del Consejo, de 24 de junio de 2016, por el que se establece una cooperación reforzada en el ámbito de la competencia, la ley aplicable, el reconocimiento y la ejecución de resoluciones en materia de regímenes económicos matrimoniales[112], resulta una de las más complejas para

---

112 *DOUE* núm. 183, de 8 de julio de 2016. El Reglamento 2016/1103 no se aplicó en el Reino Unido, que se decidió por el *opting-out* dada la tendencia a aplicar por parte de los tribunales ingleses al fondo del asunto, y con

el Derecho internacional privado, siendo un hecho cierto que la misma presenta con frecuencia un impacto directo y de no poca relevancia en la sucesión. El *iter* lógico de los acontecimientos en torno al fallecimiento de uno de los cónyuges exigiría coordinar la transmisión *mortis causa* de los bienes, derechos y obligaciones del causante con la previa liquidación de la sociedad conyugal, y ello en aras a la obtención de una solución global, equilibrada y congruente en relación a ambos aspectos que, de ordinario, aparecen conectados[113].

---

carácter casi automático, la *lex fori*. Como ya adelantamos, la incorporación al referido Reglamento hubiera supuesto la posibilidad de que, atendiendo a los criterios de conexión previstos, los jueces británicos se hubiesen visto obligados a tener que aplicar en esta materia un Derecho extranjero. Como indican A. Barlow y Nigel Lowe, *"(…) given the lex fori approach in the UK which automatically applies domestic law where a court has jurisdiction, the need for de UK courts to apply the divorce law of another jurisdiction proved to be a step too far"* ("The effects of EU Law on Family Law in England and Wales", en *The interaction between Family Law, Succession Law and Private international Law, op. cit.*, pp. 102-103). Aunque la frase transcrita va referida al Reglamento 1259/2010, *mutatis mutandis* es también perfectamente válida en relación al Reglamento 2016/1103; como indican los citados autores, *"Asimilar story can be seen with Matrimonial Property Regulation"* (*loc. cit.*, p. 103).

113   Al respecto, *vid.* J.M. Scherpe y Elena Bargelli (eds.), *The interaction between Family Law, Succession Law and Private international Law*, Intersentia, Cambridge, 2021.

Por ello, y centrándonos en la cuestión de la determinación de la Ley aplicable, que es la que ahora nos interesa, sería conveniente que una misma Ley fuese la que rigiera tanto lo referido a la disolución de la sociedad conyugal como lo relativo a la sucesión del cónyuge fallecido. En efecto, la necesidad de coordinación está particularmente justificada cuando la Ley aplicable a la sucesión es diferente a la Ley aplicable al régimen económico matrimonial y, además, difieren claramente en cuanto a las soluciones materiales —como sucede en el caso del Derecho inglés, donde ni siquiera existe la institución del régimen económico matrimonial—, entonces el problema nos lo podemos encontrar servido.

Efectivamente, es en tal caso cuando puede resultar una situación injusta a causa del desequilibrio en las atribuciones patrimoniales y, en particular, se suele plantear el problema en relación a la sucesión del cónyuge viudo en concurrencia con otros posibles beneficiarios de la herencia. Y esta variedad de regulaciones materiales puede dar lugar en la práctica a unas posibles combinaciones de diferentes leyes que conduzcan, bien a una solución razonable —si es la misma Ley la aplicable a ambas cuestiones—, bien a una solución incoherente por exceso en las atribuciones al cónyuge supérstite, o bien al contrario a una solución incoherente por defecto. Este fue precisamente el caso abordado por el Tribunal Supremo español en la célebre sentencia de 30 de junio de 1962 (*Amadeo Tarabusi*), donde, tras el fallecimiento del marido (italiano —nacionalizado español— casado con española) la sucesión se reguló por el Derecho español y los efectos económicos del matrimonio por el Derecho italiano, dando como resultado final que la esposa en la práctica no percibiera prácticamente nada, ni como heredera, ni como esposa y posterior viuda tras la disolución del régimen económico matrimonial[114].

b) *El desajuste sobre Ley aplicable entre los Reglamentos 2016/1103 y 650/2012*

Pues bien, expuesta así la situación, debemos detenernos en cómo la misma ha sido tratada en el marco de los Reglamentos que regulan tanto las sucesiones como el régimen económico matrimonial y, de entrada, la respuesta a esta cuestión ofrece un panorama cuanto menos preocupante[115]. Así, entre las materias incluidas en el

---

114 En el caso *Tarabusi* el Tribunal Supremo acordó la aplicación inexcusable de las normas de conflicto del sistema español, la cuales son imperativas (interpretación clásica y rígida), ello incluso en los supuestos que tal aplicación pudiera dar lugar a una incoherencia o desequilibrio patrimonial en la solución.

115 Para un estudio más en profundidad sobre la cuestión, *vid.* I. Antón Juárez, "Régimen económico matrimonial, derechos sucesorios del cónyuge supérstite y Certifica-

ámbito de aplicación del Reglamento (UE) n.º
650/2012 del Parlamento Europeo y del Consejo,
de 4 de julio de 2012, relativo a la competencia,
la ley aplicable, el reconocimiento y la ejecución
de las resoluciones, a la aceptación y la ejecución de los documentos públicos en materia de
sucesiones mortis causa y a la creación de un
certificado sucesorio europeo[116], se encuentra
la determinación de los derechos sucesorios que
corresponden al cónyuge supérstite (art. 23.2,
b). Por su parte, se excluyen expresamente las
cuestiones relativas a los regímenes económicos
matrimoniales (art. 1.2, d). Sin embargo, a pesar

---

do Sucesorio Europeo: ¿una combinación explosiva?",
Cuadernos de Derecho Transnacional, 2018, vol. 10,
n.º 2, pp. 769-780; S. Deplano, "Succession Regulation, Matrimonial Property Agreements and Inconsistencies Among European Private International Law
Rules" en L. Ruggeri *et al.* (eds.), *The EU Regulations
on matrimonial property and property of registered
partnerships*, Intersentia, Cambridge, 2022, pp. 293-
311; J.M. Fontanellas Morell, "La coherencia entre los
Reglamentos 650/2012 y 2016/1103 (2016/1104)", en
A. Serrano de Nicolás (coord.), *Los Reglamentos UE
2016/1103 y 2016/1104 de regímenes económicos
matrimoniales y efectos patrimoniales de las uniones registradas*, Marcial Pons, Madrid, 2020, pp. 191-221 y P.
Quinzá Redondo y J. Gray, "La (des) coordinación entre la propuesta de Reglamento de régimen económico
matrimonial y los Reglamentos en materia de divorcio y
sucesiones", *AEDIPr*, T. XIII (2013), pp. 513-542.
116 *DOUE* núm. 201, de 27 de julio de 2012.

de esta exclusión, el Considerando 12, *in fine*, estableció un criterio de cierta discrecionalidad para la autoridad que conozca de la sucesión al obligarle a "tener en cuenta" la liquidación del régimen económico matrimonial "para determinar la herencia y las cuotas hereditarias".

Por su parte, el Reglamento 2016/1103 excluye de su ámbito de aplicación "la sucesión por causa de muerte de uno de los cónyuges" (art. 1.2, d). No obstante, consideramos que esta exclusión no debería implicar una ausencia de coordinación entre los dos Reglamentos. Antes bien, lo deseable en aras a la consecución de una situación justa sería que una única autoridad estatal resultase competente para conocer de la sucesión y liquidación del régimen económico matrimonial, y, que dicha autoridad, además, aplicara un mismo ordenamiento estatal a las dos cuestiones.

Pues bien, en lo que se refiere a la determinación de la competencia de autoridades para conocer de la materia, el artículo 4 del Reglamento 2016/1103 sí acometió tal operación acumulando el conocimiento de ambas cuestiones por la misma autoridad, que no será otra que la que conozca de la sucesión. Así, cuando un órgano jurisdiccional de un Estado miembro, por ejemplo, un juez español, conozca de la sucesión de uno de los cónyuges en aplicación del Reglamento 650/2012, los órganos jurisdiccionales de dicho

Estado serán competentes para resolver sobre el
régimen económico matrimonial en conexión
con esa sucesión. Esta solución aporta previsibi-
lidad, seguridad jurídica y economía de recursos.
Además, con esta previsión en el fondo se refuer-
za la idea de que, al ser una sola autoridad la que
conozca de ambos aspectos, con una perspectiva
global del asunto, se debería aspirar a lograr una
solución equilibrada, lo cual se podría alcanzar,
al menos en teoría, si dicha autoridad aplicase el
mismo ordenamiento a los dos aspectos.

Sin embargo, en lo que concierne a la determinación de la Ley aplicable la situación es bien
diferente, pues finalmente en el articulado del
Reglamento 2016/1103 no aparece ninguna regla
de coordinación con el Reglamento sucesorio. La
consecuencia que de ello resulta es un vacío jurídico en el que la inseguridad puede hallar su cal-
do de cultivo[117]. En efecto, basta con comparar
en los dos Reglamentos las diferentes y flexibles
posibilidades ofrecidas a la hora de determinar la
Ley aplicable para ver como algo perfectamente
factible que un ordenamiento estatal se aplique a

---

117 Sin duda esta descoordinación fomenta la litigación
    y con ello se alienta a entrar en una carrera hacia los
    tribunales (*rush to the courts*) y a la práctica del más
    agresivo *forum shopping* para con ello tratar de lograr
    cada una de las partes la aplicación de la Ley que más
    favorable resulte a sus intereses.

la disolución del régimen económico del matrimonio del causante y otro distinto a la cuestión sucesoria[118].

En efecto, según el Reglamento 650/2012 la Ley aplicable a la sucesión será en principio la Ley del Estado en el que el causante tuviera su residencia habitual en el momento del fallecimiento (art. 21.1), salvo que, de forma excepcional, resultase claramente de todas las circunstancias del caso que, en el momento del fallecimiento, el causante mantenía un vínculo manifiestamente más estrecho con un Estado distinto al de su residencia habitual, en cuyo caso la Ley aplicable a la sucesión sería la de ese otro Estado (art.

---

118   Otro de los motivos de la oposición en su día del Reino Unido al Reglamento 2016/1103 fue la posibilidad de que tribunales de distintos Estados miembros pudieran tener jurisdicción sobre diversos aspectos de las *financial provisions* en caso de divorcios, lo cual potencialmente podría fraccionar la resolución del asunto entre distintas jurisdicciones y diferentes leyes aplicables. Ello podría incrementar los costes de litigación y provocar retrasos cuando el asunto tuviera una conexión con el Reino Unido y sus tribunales se declarasen competentes, en particular si los tribunales británicos se viesen en la necesidad de tener que probar derechos extranjeros, que tienen la consideración de 'hechos' en el sistema inglés (*vid.* respuesta a la consulta pública *European Commission Proposed Regulations on Matrimonial Property Regimes and the Property Consequences of Registered Partnerships* [CP-R-8/2001], de 28 de noviembre de 2011, para. 5).

21.2), si bien cualquier persona podrá designar la Ley del Estado cuya nacionalidad posea en el momento de realizar la elección o en el momento del fallecimiento (art. 22).

Por su parte, a tenor del Reglamento 2016/1103, la Ley aplicable al régimen económico matrimonial será la Ley del Estado de la primera residencia habitual común de los cónyuges tras la celebración del matrimonio (art. 26.1 a), o, en su defecto, la Ley de la nacionalidad común de los cónyuges en el momento de la celebración del matrimonio (art. 26.1 b), o, en su defecto la Ley con la que ambos cónyuges tengan la conexión más estrecha en el momento de la celebración del matrimonio, teniendo en cuenta todas las circunstancias (art. 26.1 c), si bien las partes tiene la posibilidad de designar o cambiar de común acuerdo la Ley aplicable a su régimen económico matrimonial (con los límites establecidos en el art. 22), en cuyo caso se aplicaría esta última[119]. Como dato curioso a considerar,

---

119 Sobre las posibilidades de determinación a la Ley aplicable en el marco del Reglamento 2016/1103, *vid*. A.L Calvo Caravaca y J. Carrascosa González, "Ley aplicable a los regímenes económicos matrimoniales y Reglamento 2016/1103 de 24 junio 2016. Estudio técnico y valorativo de los puntos de conexión", *op. cit.*, pp. 10-109 y N.P. Vogrinc, "Applicable Law in the Twin Regulations", en L. Ruggeri et al (eds.), *The EU Regulations on matrimonial property and property of*

el Reglamento 2016/1103 (arts. 23-24) no exige para la validez de la elección de la Ley aplicable al régimen económico matrimonial que la Ley elegida por los cónyuges contenga una disciplina jurídica reguladora del régimen económico matrimonial en el caso concreto. Por ello, los cónyuges pueden elegir el Derecho inglés, que desconoce el concepto de régimen económico matrimonial, como ley reguladora de su régimen económico matrimonial. En tal caso, el Derecho inglés será el que establecerá el régimen jurídico de los bienes los cónyuges y de la economía del matrimonio, constante matrimonio y también, en su caso, tras la disolución del mismo, y ello en los términos que venimos tratando[120].

Con esta situación, es evidente que el juego en cada caso de este cúmulo de criterios de conexión podría dar lugar a la aplicación de diferentes ordenamientos a la cuestión sucesoria y a la relativa al régimen económico matrimonial,

---

registered partnerships, Intersentia, Cambridge, 2022, pp. 129-155.

120 Y si no existe el concepto de régimen económico matrimonial en Derecho inglés, eso no invalidaría la elección de tal ordenamiento jurídico como derecho regulador de la economía matrimonial. Vid. A.L Calvo Caravaca y J. Carrascosa González, "Ley aplicable a los regímenes económicos matrimoniales y Reglamento 2016/1103 de 24 junio 2016. Estudio técnico y valorativo de los puntos de conexión", op. cit., p. 59.

con las posibles consecuencias que se pudieran
derivadar de ello.

c) *Posibles soluciones ante la descoordinación*

Con la perspectiva poco halagüeña expuesta,
la situación es ciertamente compleja, por lo que
cabría preguntarse de qué herramientas dispon-
drían nuestras autoridades para tratar de superar
tales supuestos de posible incoherencia. En principio no existe en el Derecho internacional privado español una solución de carácter general para
abordar y dar solución a este problema y, en atención a ello, entendemos que el legislador ofrece
libertad interpretativa a la autoridad competente
para que en cada caso trate de alcanzar la solución más razonable posible. Quizás la técnica
más adecuada a tal efecto sería la de la 'adaptación', esto es, la modificación de la regulación
material de las leyes estatales en presencia con el
fin de alcanzar un resultado justo, equilibrado[121].

---

121 En defensa de la técnica de la adaptación hay que de-
     cir que ésta no es extraña a nuestro ordenamiento. Así,
     el Reglamento 2016/1103 la prevé expresamente en
     el marco de su artículo 29 ("Adaptación de los dere-
     chos reales") para el caso en que una persona invoque
     un derecho real del que sea titular en virtud de la Ley
     aplicable al régimen patrimonial del matrimonio y, sin
     embargo, el ordenamiento del Estado en el que se in-
     voque no conozca tal derecho real. Por su parte, en la

Y ello podría dar lugar, bien a compaginar los respectivos Derechos materiales en juego, a través, por ejemplo, de la compensación de los derechos percibidos a tenor de ambos ordenamientos, bien a optar por someter ambas cuestiones a un mismo ordenamiento, dando prevalencia a una de las normas de conflicto, asegurando así la coherencia de la regulación final[122].

A la vista de la situación de descoordinación expuesta, a nuestro entender la solución a esta

---

Ley 29/2015, de 30 de julio, de cooperación judicial internacional en materia civil, se ha introducido el uso de la adaptación en el artículo 44.3 y 61, en sede de reconocimiento de resoluciones y de inscripción de documentos públicos extranjeros, respectivamente. *Vid.* al respecto A.M. Ballesteros Barros, "Los derechos del cónyuge supérstite en las sucesiones internacionales: reflexiones sobre la calificación y la adaptación en Derecho internacional privado", en J. Ramos Prieto y C. Hornero Méndez (coords.), *Derecho y fiscalidad de las sucesiones mortis causa en España: una perspectiva multidisciplinar*, Thomson-Reuters Aranzadi, Cizur Menor, 2016, pp. 233-247.

122 Esto último es lo que sucede en España con la solución contenida en el artículo 9.8, *in fine*, del Código civil al establecer que los derechos sucesorios del cónyuge supérstite quedan sujetos a la Ley reguladora de los efectos de matrimonio (esto es, al art. 9.2 del Código civil). Pero el problema es que ambos artículos (y también el 9.3) se encuentran hoy desplazados por los Reglamentos 650/2012 y 2016/1103, y su aplicación actual, en particular la del artículo 9.8, ha quedada relegada para casos muy marginales.

compleja situación debería proceder en la actualidad desde una doble vía: por una parte, y desde una perspectiva preventiva, es siempre recomendable la planificación de la globalidad de la situación mediante las fórmulas flexibles que los Reglamentos ofrecen —principalmente mediante el uso de la autonomía de la voluntad conflictual— para que un único ordenamiento resulte aplicable a ambos aspectos; por otra, y de no haberse llevado a cabo esta tarea previa, se requerirá en cada caso una labor artesanal por parte de la autoridad competente para tratar de alcanzar un criterio equitativo, procurando evitar las nocivas consecuencias de la aplicación de distintos ordenamientos, labor ésta que ciertamente no estará exenta de dificultades[123].

Para valorar a los efectos del presente trabajo el problema de descoordinación que hemos planteado, ha de tenerse en cuenta que en los casos en los que nos encontremos ante un matrimonio con cónyuges de nacionalidad británica, tal

---

123   Ha de tenerse en cuenta que nuestro Tribunal Supremo, en particular la Sala de lo Civil, se encuentra habituada a tratar con instituciones propias del ámbito jurídico anglosajón, por lo que cual no es de extrañar que pueda manejarse con soltura en este complejo campo. *Vid.* E. Sanjuan Muñoz, "La recepción por la Sala de lo Civil del Tribunal Supremo español del derecho angloamericano", *InDret Privado (Revista para el análisis del Derecho)*, n.º 3, 2023.

circunstancia no va a impedir que nuestras autoridades puedan conocer de litigios derivados de dicho ámbito material, siempre que las nomas de los Reglamentos le atribuyan competencia. Esto es, el juez español que, en aplicación del Reglamento 650/2012, eventualmente pueda conocer de una sucesión en la que se encuentren inmersos nacionales británicos, será competente para resolver sobre el posible régimen económico matrimonial en conexión con esa sucesión. Y, además, la determinación de cuál será la Ley aplicable a ambos aspectos se determinará conforme a los criterios expuestos en relación a cada uno de los referidos Reglamentos. En definitiva, frente a lo que algunos pudieran pensar, queremos dejar claro que el *Brexit* no afecta a la aplicación por parte de los jueces españoles (ni del resto de Estados miembros) de los instrumentos comunitarios para determinar su competencia y la Ley aplicable a las sucesiones y a los regímenes económico matrimoniales, y ello, aunque puedan resultar afectados ciudadanos británicos. Y esta situación se va a producir en muchas ocasiones en relación a los miles de británicos residentes en España, quienes, salvo que conforme a las disposiciones de los citados Reglamentos hubiesen optado por elegir la Ley aplicable, realizando una debida —y siempre recomendada— planificación al respecto, se pueden encontrar con la desagradable sorpresa de verse sometidos a la aplicación del Derecho español tanto en materia sucesoria, como de régimen económico matrimonial, viéndose privados de la aplicación del *probate Law* inglés o del régimen de la *ancillary relief*[124].

Una vez que hemos tratado sobre la situación que se deriva de la descoordinación de los Reglamentos 650/2012 y 2016/1103 vamos a exponer a continuación un hipotético caso extraído de la realidad del foro español para tratar de evidenciar con ello la trascendencia que en la práctica puede llegar a tener para unos cónyuges de nacionalidad británica la determinación del *domicile* en relación a la ley que ha de regir los efectos económicos derivados de la disolución de su matrimonio.

---

124   La reciente sentencia del Tribunal de Justicia de la Unión Europea de 12 de octubre de 2023 (C-21/22), donde se preguntaba por el Tribunal Regional de Opole (Polonia) si era posible que una persona que no sea ciudadana de la Unión Europea, residente habitual en un Estado miembro, se encuentra autorizada para elegir su Ley nacional como ley que rija la totalidad de la sucesión, ha respondido afirmativamente a dicha cuestión en los siguientes términos: "Un nacional de un tercer Estado que reside en un Estado miembro de la Unión Europea puede designar como ley que habrá de regir su sucesión en su conjunto la ley de ese tercer Estado". Piénsese que una respuesta en sentido contrario por parte del Tribunal hubiera supuesto todo un torpedo en la línea de flotación para el devenir de las sucesiones de los nacionales británicos residentes en España (*vid*. A. Ybarra Bores, *La sucesión 'mortis causa' de ciudadanos británicos en España*, Tirant lo Blanch, Valencia, 2021, pp. 50-54).

En juego puede estar, nada más y nada menos, la posible aplicación del sistema inglés de *ancillary relief* o, por el contrario, la del sistema del Código civil español sobre disolución y liquidación del eventual régimen económico del matrimonio. Y las consecuencias finales de la aplicación de uno u otro ordenamiento pueden resultar bien diferentes para las partes, y ello hasta extremos que en principio podrían parecer insospechados.

5. La *matrimonial property* ante el foro español

a) *Los elementos fácticos de un eventual supuesto*

Una vez que hemos establecido el posible marco, vamos a abordar el supuesto de un eventual matrimonio de británicos, el cual se celebró en Londres en 2008, y sin que se hubiere concertado un *marriage contract* o un *prenuptial agreement* donde pudieran haberse previsto los efectos económicos derivados de una posible disolución del matrimonio por divorcio. En el caso, inmediatamente después de la celebración del matrimonio, los cónyuges trasladan su residencia habitual a España con intención de permanencia indefinida, país en el cual tienen fijada su residencia, de manera ininterrumpida, desde entonces. El matrimonio posee una vivienda en Londres, que mantienen como inversión, teniéndola alquilada.

El resto de los activos de la pareja (entre otros, inmuebles, cuentas bancarias, acciones, planes de pensiones, vehículos y embarcaciones náuticas) se encuentran todos situados en España.

Por otra parte, los dos hijos del matrimonio nacen también en España, donde reciben educación en un colegio de élite, residiendo junto a sus padres en Sevilla. El marido trabaja en España desde 2008 y tiene acumulado un importante patrimonio a título privativo, en gran parte recibido por herencia paterna y consistente en determinados bienes muebles de extraordinario valor; por su parte, la esposa ejerce de ama de casa, habiendo renunciado a su brillante carrera profesional al llegar a nuestro país para dedicarse de lleno al cuidado de la familia. Y un dato adicional puede resultar de interés, ambos cónyuges han otorgado testamento ante notario español sin haber ejercitado la *professio iuris* a favor de su ley nacional.

Encontrándonos en esta situación, ante importantes desavenencias surgidas entre los cónyuges, la esposa decide a presentar una demanda de divorcio ante los tribunales de Sevilla, lugar de residencia habitual del matrimonio desde 2008. A tal fin se tuvo en cuenta la competencia de los tribunales españoles atendiendo a los foros contenidos en el artículo 3 del Reglamento (CE) 2201/2003 del Consejo, de 27 de noviembre de 2003, relativo a la competencia, el reconocimiento y la ejecución de resoluciones judiciales en materia matrimonial y de responsabilidad parental, por el que se deroga el Reglamento (CE) n.º 1347/2000, entonces vigente[125]. En el marco de dicho litigio, tema fundamental, y sobre el cual se centrarán las siguientes líneas, lo constituirá la cuestión relativa a la Ley aplicable a la liquidación de los activos del matrimonio británico de cara a las responsabilidades derivadas del divorcio. Por razones de naturaleza económicas, en el caso al marido le interesaría la aplicación del sistema español y, por el contrario, a la esposa, el sistema propio del Derecho inglés, y ello dado el tratamiento mucho más favorable que

---

125 *DOUE* núm. 338, de 23 de diciembre de 2003. A tenor del artículo 3 del Reglamento 2201/2003 los tribunales españoles serían competentes para conocer de la demanda de divorcio dado que se trata del territorio del Estado miembro donde los cónyuges tienen su residencia habitual, además de ser el país de la residencia habitual del demandado. Como hemos indicado, el Reglamento 2201/2003 ha sido sustituido por el Reglamento (UE) 2019/1111 del Consejo, de 25 de junio de 2019, relativo a la competencia, el reconocimiento y la ejecución de resoluciones en materia matrimonial y de responsabilidad parental, y sobre la sustracción internacional de menores (*DOUE* núm. 178, de 2 de julio de 2019), el cual se aplica a los procedimientos incoados a partir del 1 de agosto de 2022. No obstante, los foros de competencia judicial internacional no han cambiado con relación a la anterior regulación.

casi con toda seguridad obtendría en el marco del procedimiento de *ancillary relief*.

b) *Los elementos jurídicos del caso*

Así las cosas, un dato importante a tener en cuenta sería que, a efectos de la determinación de cuál resultaría la Ley aplicable a la cuestión planteada, no sería de aplicación el ya referido Reglamento 2016/1103, y ello dado que la celebración del matrimonio es muy anterior al 29 de enero de 2019[126]. Por ello, para la determinación de la Ley aplicable a los efectos personales y patrimoniales del matrimonio deberíamos acudir a la norma interna del juez español, la cual se encuentra recogida en el artículo 9.2 del Código civil. Y en el caso que tratamos ello conduciría a la aplicación del

---

126 El artículo 69 del Reglamento 2016/1103, entre las normas transitorias, establece que "Las disposiciones del capítulo III solo serán aplicables a los cónyuges que hayan celebrado su matrimonio o que hayan especificado la ley aplicable al régimen económico matrimonial después del 29 de enero de 2019" (D.T. 3.ª). Por ello, la aplicación del artículo 9.2 del Código civil para determinar la Ley aplicable al régimen económico matrimonial, a pesar de la eficacia *erga omnes* del citado Reglamento, todavía resultará frecuente durante algún tiempo (*vid*. J. Rodríguez Rodrigo, "Aplicación de la norma española de conflicto de leyes interno para determinar el régimen económico matrimonial", *Cuadernos de Derecho Transnacional*, 2023, vol. 15, n.º 2, pp. 1301-13).

Derecho inglés, dado que la primera conexión de la referida norma establece que los efectos del matrimonio se regirán por la ley personal de los cónyuges al tiempo de contraer el matrimonio, que no sería otra que Ley inglesa[127], sin que por lo tanto fuese necesario acudir al resto de conexiones contenidas en el referido precepto.

Sin embargo, la aplicación del Derecho inglés, que en principio parecería que no fuese a ofrecer problema alguno, no resultará tan evidente como pudiera parecer. Efectivamente, en el presente caso el Derecho inglés, en virtud del criterio de conexión de su norma de conflicto en la materia, esto es, la ley del *domicile* del matrimonio (*supra*), reenviaría la solución material del asunto al Derecho español en el supuesto de que se considerase que tal *domicile* se encontrase situado en territorio español. Y ello sería así atendiendo a lo dispuesto en el artículo 12.2 de Código civil, pues en virtud de esta norma se admite en nuestro sistema el llamado reenvío de primer grado o de retorno, al disponer que "la remisión al derecho extranjero se entenderá hecha a su ley material, sin tener en cuenta el reenvío que sus

---

127 Y ello dado que, en el sistema español, el artículo 9.1 del Código civil dispone que "La ley personal correspondiente a las personas físicas es la determinada por su nacionalidad".

normas de conflicto puedan hacer a otra ley que
no sea la española"[128].

Cuanto decimos se justificaría, según se deriva de una asentada y ya clásica jurisprudencia
de nuestro Tribunal Supremo —en particular en
materia sucesoria—[129], en tanto que, con la utilización de este mecanismo del reenvío se ob-
tendrían resultados más positivos, racionales y
justos. La operatividad del reenvío se traduciría,
siguiendo los criterios establecidos por el Alto

---

128 En el eventual caso de que hubiese sido aplicable el Reglamento 2016/1103, ha de significarse que no procedería el uso del reenvío, dado que según la citada norma
"La aplicación de la ley de un Estado determinada por el
presente Reglamento se entenderá como la aplicación de
las normas jurídicas vigentes en ese Estado distintas de las
normas de Derecho internacional privado" (art. 32).

129 Véanse al respecto las sentencias del Tribunal Supremo de 21 de mayo de 1999 (ECLI:ES:TS:1999:3532),
de 23 de septiembre de 2002 (ECLI:ES:TS:2002:6053),
de 12 de enero de 2015 (ECLI:ES:TS:2015:422), de 5 de
diciembre de 2018 (ECLI:ES:TS:2018:4139), de 15 de
enero de 2019 (ECLI:ES:TS:2019:56) y de 8 de octubre
de 2019 (ECLI:ES:TS:2019:2945), dictadas en relación
a sucesiones de nacionales británicos con vinculación
e intereses en España, donde, con el cumplimiento de
ciertos requisitos, se termina aplicando el Derecho español como consecuencia del juego del reenvío de primer grado previsto en el artículo 12.2 del Código civil
(por el contrario, en el Reglamento 650/2012 no se ha
eliminado el posible juego del reenvío, aunque su uso
se encuentra muy condicionado a tenor de la compleja
regulación contenida al respecto en el art. 34).

Tribunal, en no sujetar el destino de los bienes matrimoniales de los esposos a un ordenamiento que se encuentra escasamente vinculado con ellos —su verdadero centro de intereses en el caso que exponemos se encuentra en España— así como en evitar situaciones injustas —cuando no dudosamente legales desde la perspectiva del Derecho español— como la derivada de incluir los bienes adquiridos por el marido por herencia en la masa de los bienes matrimoniales a efectos de su liquidación y reparto, lo cual probablemente acontecería en el caso de aplicación del Derecho inglés y su sistema de *financial orders*.

Por lo tanto, si se acreditase que el *matrimonial domicile* efectivo se encontraba situado en España, y no en el Reino Unido, el juez español debería terminar aplicando en virtud del reenvío el Derecho español al fondo del litigio, con todas las consecuencias económicas que en la práctica ello implicaría para los intereses de cada una de las partes. Por ello, la determinación del *domicile* del matrimonio en el presente caso se convertirá en una cuestión nuclear, cuestión en torno a la cual girará la solución material que finalmente proceda.

c) *La determinación del matrimonial domicile*

Atendiendo a la situación expuesta, es evidente que para que el reenvío se lleve a cabo y, por lo tanto, se termine aplicando al fondo del asunto el Derecho español, constituiría una cuestión de primer orden acreditar ante el juez español que realmente el *domicile* del matrimonio inglés se encuentra situado en España, resultando la existencia de un auténtico *domicile of choice*. Y, teniendo en cuenta los datos facilitados al inicio del presente epígrafe, creemos que podría defenderse con fundamento que, en el caso que estamos exponiendo, concurrirían los requisitos exigidos por la jurisprudencia inglesa para considerar el foro español como auténtico *domicile* del matrimonio.

En efecto, podrían considerarse datos objetivos que evidenciarían lo afirmado, entre otros, el hecho de que los cónyuges hubieran fijado su residencia habitual en nuestro país acto seguido a la celebración del matrimonio y con intención de permanecer indefinidamente en España (*animus manendi et non revertendi*); que tuvieran propiedades inmobiliarias en España, entre ellas su vivienda familiar, así como propiedades mobiliarias de muy diverso tipo; que el inmueble que poseen en Inglaterra fuese mantenido como una mera inversión; que aquí nacieran sus hijos, se eduquen, y que se encuentren integrados de una manera efectiva en la sociedad española; que el marido hubiese desarrollado en España una actividad laboral y empresarial desde que llegaron en 2008; que las cuentas bancarias del matrimonio se encontrasen en entidades españolas o, *last but not least*, el significativo dato de que ninguno de los cónyuges hubiera otorgado testamento conforme al Derecho inglés, ni en España ni en el Reino Unido, lo cual ha podido ser considerado en alguna ocasión como un evidente signo de pretender mantener el *domicile of origin* en Inglaterra[130].

Frente a esta realidad fáctica y jurídica, sostener que dos cónyuges y su familia deberían seguir vinculados perennemente en sus relaciones personales y patrimoniales al ordenamiento del Estado del *domicile* de sus padres en el momento de su nacimiento, del cual se encuentran totalmente desvinculados desde hace más de quince años, y al cual no tenían interés en regresar, contraría, no sólo el espíritu de esta institución, sino también la lógica más elemental de la reglamentación moderna de las situaciones transfronterizas.

---

130 Y en un caso como el que referimos, una evidencia más de que el matrimonio habría elegido España como país de su *domicile*, a nuestro entender de gran trascendencia, sería el hecho de que la propia esposa hubiese presentado la demanda de divorcio ante los tribunales españoles, y más si ésta pudiera entender que el *matrimonial domicile* se encontraba en el Reino Unido. Y es que realmente aquél, y no otro, habría de ser considerado como el foro natural de su familia donde tramitarse el procedimiento de divorcio.

En atención a lo expuesto, cabría afirmar sin ninguna duda que se encontraría en España el *domicile of choice* del matrimonio y que, por tanto, el ordenamiento aplicable por la autoridad judicial española a la liquidación de sus bienes matrimoniales, atendiendo a la norma de conflicto inglesa mediante el juego del reenvío, debería de ser el Derecho español. Y otro argumento redundaría en la identificación del *domicile* del matrimonio con España: pese al desconocimiento de la institución del *domicile* en nuestro sistema, una 'calificación funcional' debería llevar a la competente autoridad española a adaptarla, en los términos ya señalados, a la institución patria a la que aquélla resulte equivalente; siendo así que entendemos que tal institución no es otra que la 'residencia habitual'[131]. Y ello se explicaría básicamente por dos razones.

_____

131   Como indica A. Rodríguez Benot, la residencia habitual comporta un criterio flexible que ha de ser concretado *in casu*, debiéndose valorar una serie de datos en su conjunto respecto de la persona de que se trate: duración, regularidad, condiciones y razones de la permanencia en el territorio de un Estado, conocimientos lingüísticos, integración en un entorno social y familiar, etc., factores éstos que se desprenden de textos internacionales tan variados como, por ejemplo, de la sentencia del Tribunal de Justicia de la Unión Europea de 2 de abril de 2009 —asunto C-523/07 o de los Considerandos 23 y 24 del Reglamento sucesorio europeo (*Manual*

En primer término, así se concluye de nuestra jurisprudencia en la materia. Por un lado, el auto de la Audiencia Provincial de Lleida de 9 de septiembre de 2021[132], en supuesto litigioso en que se aborda la determinación del posible *domicile* de un matrimonio a efectos de separación, termina considerando que España no es el país en que se encontraba el "centro de vida personal y familiar", "la integración real" y "la vinculación más estrecha" del matrimonio, elementos todos integrantes de la residencia habitual; todo lo contrario de lo que ocurriría en el caso que planteamos, en que —en palabras del citado auto— sí que se daría el "arraigo real entre una persona y un concreto medio socio-jurídico" (fundamento de Derecho segundo). Por otro lado, e interpretada a *contrario sensu*, al mismo resultado conduce también la doctrina sentada por la sentencia del Tribunal Supremo de 5 de octubre de 2018[133], que establece que residir en otro país por un largo tiempo, aunque resulta un factor importante, no prueba de por sí que se haya adquirido un nuevo *domicile* y que necesariamente se haya perdido el *domicile* inglés, pues ello ha de valorarse en función de la globalidad de las circunstancias del

---

de Derecho internacional privado, A. Rodríguez Benot —dir.—, 10.ª ed., Tecnos, Madrid, 2022, pp. 164-165).
132   ECLI:ES:APL:2021:466A.
133   ECLI:ES:TS:2018:4139.

asunto (fundamento de Derecho tercero). En este
último supuesto, frente a lo acontecido en nuestro caso, tales circunstancias señalaban que no se
había producido una elección de España como
domicile, sino que se mantenía el *domicile of origin*, pues se acreditaba que el causante mantuvo
evidente arraigo en el Reino Unido durante su
estancia en España, hasta el punto de que en el
último testamento abierto otorgado había manifestado de una manera expresa que tenía *domicile* británico a efectos sucesorios.

Y, en segundo lugar, la equivalencia funcional
del *domicile* a nuestra institución de la residencia habitual resulta también del propio acervo
comunitario. Así, y a modo de ejemplo, el *domicile* desapareció en la codificación europea en el
aludido Reglamento 2016/1103 para los nacionales del Reino Unido y de Irlanda por cuanto
se consideró suficiente, por similar, la conexión
de la residencia habitual. Y para evitar aplicar
a los efectos patrimoniales de un matrimonio
un ordenamiento escasamente vinculado a éste
como podría ser el del momento de la celebración del matrimonio, el artículo 26.3 del citado
Reglamento hace primar sobre el ordenamiento
del Estado de la primera residencia habitual común de los cónyuges, cuando la vinculación con
éste fuera menor, el ordenamiento del Estado de
la última residencia habitual de los esposos "durante un período de tiempo considerablemente

más largo" y en cuyo ordenamiento se basaron "para organizar o planificar sus relaciones patrimoniales". Aunque como se ha expuesto el Reglamento 2016/1103 no resultaría aplicable *in casu*, el precepto señalado abunda en la tesis de que la residencia habitual real sería el equivalente funcional del *domicile* a los fines de determinar el ordenamiento aplicable a la liquidación de los bienes matrimoniales en un hipotético caso como el que hemos presentado.

d) Consideración final

En definitiva, así las cosas, habríamos de concluir que en el supuesto expuesto el juez español debería finalmente aplicar el Derecho español en relación a la liquidación de los bienes matrimoniales, evitándose así todo lo relativo al sistema del *ancillary relief* contemplado en el Derecho inglés, con las consecuencias económicas que ello implicaría para las partes de dictarse las a veces temidas *financial orders*. Y, al margen de ello, con la aplicación del Derecho español se evitarían las dificultades que suele entrañar el tener que aplicar nuestros tribunales un ordenamiento tan peculiar, complejo, y ajeno a nuestra tradición jurídica, como es el Derecho inglés.

Sin duda el Derecho internacional privado es un pozo sin fondo, donde, a través de sus técnicas y mecanismos, en cualquier momento se puede producir un inesperado giro que dé la vuelta al asunto tal como en un principio había sido planteado: la esposa, que presenta la demanda en España pensando que una aplicación del artículo 9.2 del Código civil va a dar como resultado la aplicación del Derecho inglés y, en consecuencia, va a verse favorecida por la posibilidad de que el patrimonio privado del marido pueda verse afectado en el reparto de bienes, sin embargo se va a llevar la desagradable sorpresa de que, desde la sentencia de 24 de junio de 1878 de la *Cour de Cassation* (caso *Forgo*), existe en el Derecho internacional privado la institución del reenvió que, aunque en franco retroceso, todavía existen ámbitos —como el presente—donde puede operar. Y ello va a dar al traste con sus expectativas, aplicándose finalmente el Derecho español, resultando favorecido el esposo dado que se excluirían del reparto sus valiosos bienes privativos heredados de sus antepasados por la vía paterna.

Por ello, resulta conveniente finalizar este trabajo insistiendo en la conveniencia, o más bien necesidad, de llevar a cabo un buen asesoramiento preventivo en materias tan complejas como las abordadas, y ello a través de profesionales competentes, en particular notarios y abogados que se encuentren habituados a trabajar en el ámbito internacional. Así, en un caso como el presente, por ejemplo, de haberse realizado alguna actuación para mantener el *domicile of origin*, o de haberse concertado un *prenuptial agreement* o algún *property settlement* previendo las consecuencias económicas en caso de disolución del matrimonio, o el mero hecho de haberse previsto la posibilidad de plantear la demanda en el Reino Unido —cuyos tribunales casi con toda seguridad se hubieran declarado competentes—, hubiera dado lugar, con casi toda seguridad, a que el resultado final del litigio hubiera resultado bien diferente.

BIBLIOGRAFÍA

Ahmed, M., *Brexit and the future of private international Law in English courts*, Oxford University Press, Oxford, 2022.

Anderson, M., "Una aproximación al derecho de sucesiones inglés", *Anuario de Derecho Civil*, t. LIX, f. III, julio-septiembre 2006.

Antón Juárez, I., "Acuerdos prematrimoniales: Ley aplicable y Derecho comparado", *Cuadernos de Derecho Transnacional*, 2015, vol. 7, n.º 1.

Antón Juárez, I., "Régimen económico matrimonial, derechos sucesorios del cónyuge supérstite y Certificado Sucesorio Europeo: ¿una combinación explosiva?", *Cuadernos de Derecho Transnacional*, 2018, vol. 10, n.º 2.

Arceri, A., *I regimi patrimoniali della famiglia in prospettiva europea*, Giuffrè, Milán, 2016.

Ballesteros Barros, A. M, "Los derechos del cónyuge supérstite en las sucesiones internacionales: reflexiones sobre la calificación y la adaptación en Derecho internacional privado", en J. Ramos Prieto y C. Hornero Méndez (coords.), *Derecho y fiscalidad de las sucesiones mortis causa en España: una perspectiva multidisciplinar*, Thomson-Reuters Aranzadi, Cizur Menor, 2016.

Barlow, A. y Lowe, N., "The effects of EU Law on Family Law in England and Wales", en *The interaction between Family Law, Succession Law and Private international Law*, Sherpe, J.M. y Bargelli, E.(eds.), Intersentia, Cambridge, 2021.

Barrio Gallardo, A., "La *family provision* inglesa: paradigma de las restricciones flexibles a la libertad de testar", *Revista Anales de la Facultad de Ciencias Jurídicas y Sociales (UNLP)*, año 15, núm. 48, 2018.

Boele-Woelki, K. *et al.*, *European Family Law in action-Volume I: Grounds for divorce-*, Intersentia, Cambridge, 2003.

Boele-Woelki, K. *et al.*, *Principles of European Family Law regarding divorce and maintance between former spouses*, Intersentia, Cambridge, 2004.

Botello, P.I. y Malumián, N., "Trust in Spain?", *Trusts & Trustees*, Vol. 26, Issue 10, diciembre 2020.

Braat, B., "Matrimonial property law: Diversity of forms, equivalence in substance", en *Convergence and Divergence of Family Law in Europe*, M. Antokolskaia (ed.), Intersentia, Cambridge, 2007.

Calvo Babio, F., *Regímenes económico-matrimoniales: Derecho internacional privado y compendio de sistemas comparados,* Tirant lo Blanch, Valencia, 2021.

Calvo Caravaca, A.L. y Carrascosa González, J., "Ley aplicable a los regímenes económicos matrimoniales y Reglamento 2016/1103 de 24 junio 2016. Estudio técnico y valorativo de los puntos de conexión", *Cuadernos de Derecho Transnacional,* 2023, vol. 15, n.º 2.

Carrillo Pozo, L.F., "Eficacia en España de las resoluciones extranjeras en materia de efectos económicos del matrimonio", *Cuadernos de Derecho Transnacional,* 2012, vol. 4, n.º 1.

Cebrián Salvat, M.A., "Los will substitutes y el Reglamento sucesorio europeo", *Cuadernos de Derecho Transnacional,* 2016, vol. 8, n.º 1.

Cervilla Garzón, M.D., *Los acuerdos prematrimoniales en previsión de ruptura. Un estudio de Derecho comparado,* Tirant lo Blanch, Valencia, 2013.

Colao Marín, F.J., *Los acuerdos prematrimoniales en el Derecho civil español. El contenido posible,* Dykinson, Madrid, 2018.

Cooke, E. *et al.,* "Community of Property-A regime for England and Wales: interim report", *International Family Law,* 2005.

Cooper, S.L. y Carrillo Martín, D., "To be or not to be. La existencia o no de regímenes matrimoniales en Inglaterra y Gales", *Wolters Kluwer Revistas, Actualidad Civil,* 16 de abril de 2013.

Copart, I., *Les régimes matrimoniaux,* Vuibert, Paris, 2007.

Cross, R. y Harris, J.W., *Precedent in English Law,* 4.ª ed., Clarendon Press, Londres, 1991.

Checa Martínez, M., "Cónyuge y Derecho internacional privado de familia y sucesiones: opciones de planificación y protección patrimonial en perspectiva comparada", en *Temas actuales de Derecho Privado I*, Cervilla Garzón, M.D. y Ballesteros Barros, A.M. (dirs.), Aranzadi, Cizur Menor, 2022.

Checa Martínez, M., "Brexit y cooperación judicial internacional en materia civil entre Gibraltar y los Estados miembros de la UE: de Bruselas a La Haya", en *El Brexit en la cooperación transfronteriza entre Gibraltar, Campo de Gibraltar y Andalucía*, González García, I. (Coord.), Dykinson, Madrid, 2023.

Cherpe, J.M., "England and Wales – A Jurisdiction without a Matrimonial Property Regime", en Lauroba Lacasa, E. y Ginebra Molins, M.E. (dirs.), *Régimes matrimoniaux de participation aux acquêts et autres mécanismes participatifs entre époux en Europe*, LGDJ, Paris, 2016.

Cheshire, North & Fawcett, *Private international Law*, 18.ª ed., Oxford University Press, 2008.

Davier, M., "Matrimonial Property in English and American Conflicts of Law", *International & Comparative Law Quarterly*, 1993, n.º 4.

Deplano, S., "Succession Regulation, Matrimonial Property Agreements and Inconsistencies Among European Private International Law Rules" en Ruggeri, L. *et al.* (eds.), *The EU Regulations on matrimonial property and property of registered partnerships*, Intersentia, Cambridge, 2022.

Del Barrio Fernández, N., *La jurisprudencia en el common law (desde la perspectiva del jurista continental)*, Aranzadi, Cizur Menor, 2018.

Droz, G.A.L., *Les régimes matrimoniaux en Droit international privé comparé,* Le Recueil des Cours de l'Académie de Droit International de La Haye (RCADI), vol. 143 (1974).

Duro Moreno, M., *Introducción al Derecho inglés. La traducción jurídica inglés-español y su entorno,* Edisofer, Madrid, 2005.

Fontanellas Morell, J.M., "La coherencia entre los Reglamentos 650/2012 y 2016/1103 (2016/1104)", en Serrano de Nicolás, A. (coord.), *Los Reglamentos UE 2016/1103 y 2016/1104 de regímenes económicos matrimoniales y efectos patrimoniales de las uniones registradas,* Marcial Pons, Madrid, 2020.

Fugardo Estivill, J.M., *Regímenes económicos del matrimonio y de la Pareja. Sucesión y prueba de la cualidad de heredero en el Derecho francés. Normativa interna y Derecho internacional privado,* Bosch, Barcelona, 2011.

García Mayo, M., *Pactos prematrimoniales en previsión de crisis matrimonial,* Bosch, Madrid, 2023.

Gómez Campelo, E., *Los regímenes matrimoniales en Europa y su armonización,* Reus, Madrid, 2008.

Gluhaia, D. «No hay comunidad de bienes si la ley inglesa regula el régimen económico matrimonial del causante y no se ha acreditado la existencia del pacto entre los cónyuges», *Cuadernos de Derecho Transnacional,* 2022, vol. 14, n.º 2.

Hamilton, C, y Perry, A., *Family Law in Europe* —2.ª ed.—, Butterworths, Londres, 2002.

Hayton, D., *European Succession Law,* Jordans, Bristol, 1988.

Holliday, J., *Clawback Law in the Context of Succession*, Hart, Oxford, 2020

Jackson, A., "German as a business tool for lawyers", *The Linguist*, 30, 5, 1991.

Kulinska, M., "Cross-Border Commercial Disputes: Jurisdiction, Recognition and Enforcement of Judgments After Brexit", *Croatian Yearbook of European Law and Policy*, n.º 16, 2020.

Lafuente Sánchez, R., *Derecho sucesorio inglés, normas de conflicto y sucesión de ciudadanos británicos en España*, Aranzadi, Cizur Menor (Navarra), 2021.

Marañón Astolfi, M., "Family provisions: ¿legítima en el Derecho anglosajón?", en Capilla Roncero, F. *et al.*, *Las legítimas y la libertad de testar*, Thomson-Reuters Aranzadi, Cizur Menor, 2019.

Martorell García, V., "Estatuto personal de los británicos y su régimen matrimonial y sucesorio en la práctica notarial española", *Notarios y Registradores*, 6 de marzo de 2008.

S. Mckibbin y A. Kennedy (ed.), *The Common Law Jurisprudence of the Conflict of Laws*, Hart, Londres, 2023.

Murga Fernández, J.P., *Los sistemas europeos de liquidación de las deudas sucesorias*, Aranzadi, Cizur Menor (Navarra), 2020.

Oliva Izquierdo *et al.*, *Los regímenes económico matrimoniales del mundo*, Colegio de Registradores de la Propiedad, Mercantiles y Bienes Muebles de España, Madrid, 2017.

Ortega Giménez, A., "El régimen económico matrimonial en el Reino Unido", *Barataria, Revista Castellano-Manchega de Ciencias Sociales*, n.º 23, 2017.

Palmer, J. *et al.*, *Law and Policy in Modern Family Finance*, Intersentia, Cambridge, 2017.

Quinzá Redondo, P. y Gray, J., "La (des) coordinación entre la propuesta de Reglamento de régimen económico matrimonial y los Reglamentos en materia de divorcio y sucesiones", *AEDIPr*, T. XIII (2013).

René, D. y Jauffrest-Spinosi, C., *Los grandes sistemas jurídicos contemporáneos*, 11.ª ed., Universidad Nacional Autónoma de México, Ciudad de México, 2010.

Rodríguez Benot, A., "Los efectos patrimoniales de los matrimonios y de las uniones registradas en la Unión Europea", *Cuadernos de Derecho Transnacional*, 2019, vol. 11, n.º 1.

Rodríguez Rodrigo, J., "La aplicación del artículo 1320 CC como orden público en el ordenamiento español. A propósito de la resolución de 31 de enero de 2022, de la Dirección General de Seguridad Jurídica y Fe Pública", *Cuadernos de Derecho Transnacional*, 2023, vol. 15, n.º 1.

Rodríguez Rodrigo, J., "Aplicación de la norma española de conflicto de leyes interno para determinar el régimen económico matrimonial", *Cuadernos de Derecho Transnacional*, 2023, vol. 15, n.º 2.

Sanjuan Muñoz, E., "La recepción por la Sala de lo Civil del Tribunal Supremo español del derecho angloamericano", *InDret Privado (Revista para el análisis del Derecho)*, n.º 3, 2023.

Simo Santoja, V.L., *Compendio de regímenes matrimoniales*, Tirant lo Blanch, Valencia, 2005.

Torga, M., "Drawing a demarcating line between Spousal maintenance obligations and matrimonial property in the context of the new instruments of european private international Law", en Beaumont, P., *The recovery of maintance in the EU and worldwide*, Hart, Oxford, 2016.

Vaquer Aloy, A., "Reflexiones sobre una eventual reforma de la legítima", *InDret*, julio de 2007.

Verbeke, A.L. *et al.*, "European marital property Law. Survey 1998-1994", *European Review of Private Law*, Vol. 3, 1995.

Vogrinc, N.P., "Applicable Law in the Twin Regulations", en L. Ruggeri et al (eds.), *The EU Regulations on matrimonial property and property of registered partnerships*, Intersentia, Cambridge, 2022.

Welstead, M. y Edwards, S., *Family Law* —3.ª ed.—, Oxford University Press, Oxford, 2011.

Ybarra Bores, A., *La sucesión 'mortis causa' de ciudadanos británicos en España*, Tirant lo Blanch, Valencia, 2021.

tirant
PRIME

Inteligencia jurídica
en expansión

Trabajamos para
mejorar el día a día
del **operador jurídico**

Adéntrese en el universo
de **soluciones jurídicas**

 96 369 17 28

 atencionalcliente@tirantonline.com

prime.tirant.com/es/